全 世 界 无 产 者 ， 联 合 起 来 ！

纪念马克思诞辰 **200** 周年

马克思恩格斯著作特辑

恩 格 斯

路德维希·费尔巴哈
和德国古典哲学的终结

中共中央 马克思 恩格斯 著作编译局编译
　　　　 列 宁　斯大林

人民出版社

编 辑 说 明

2018 年 5 月 5 日,是马克思诞辰 200 周年。在人类历史上,马克思是对世界现代文明进程影响最深远的思想家和革命家。他和恩格斯共同创立的科学理论体系,是人类数千年来优秀文化的结晶,是工人阶级及其政党的行动指南,是中国人民为实现中华民族伟大复兴而团结奋斗的思想基础。为了缅怀和纪念这位伟大的革命导师,推进新时代马克思主义中国化、时代化、大众化事业,我们精选了马克思和恩格斯在各个时期写的具有代表性的重要著作,编成《马克思恩格斯著作特辑》,奉献给广大读者,以适应新形势下学习和研究马克思主义理论的需要。

《马克思恩格斯著作特辑》的编辑宗旨是面向实践、贴近读者,坚持"要精、要管用"的原则,既涵盖马克思主义哲学、政治经济学和科学社会主义的理论体系,又体现马克思和恩格斯创立和发展科学理论的历史进程;既突出他们对国际共产主义运动和民族解放运动的正确指导和有力支持,又反映他们对中华民族发展前途的深情关注和殷切期望。

《马克思恩格斯著作特辑》包含《共产党宣言》和《资本论》等14部著作的单行本或节选本,此外还有一部专题选编本《马克思恩格斯论中国》。所有文献均采用马克思恩格斯著作最新版本的译文,以确保经典著作译文的统一性和准确性。自1995年起,由我局编译的《马克思恩格斯全集》中文第二版陆续问世,迄今已出版29卷;从2004年起,我们又先后编译并出版了《马克思恩格斯文集》十卷本和《马克思恩格斯选集》第三版。《马克思恩格斯著作特辑》收录的文献采用了上述最新版本的译文;对未收入上述版本的马克思恩格斯著作的译文,我们按照最新版本的编译标准进行了审核和校订。

《马克思恩格斯著作特辑》采用统一的编辑体例。我们将马克思、恩格斯在不同时期为一部著作撰写的序言或导言编排在这部著作正文前面,以利于读者认识经典作家的研究目的、写作缘起、论述思路和理论见解。我们还为一些重点著作增设了附录,收入对领会和研究经典著作正文有重要参考价值的文献和史料。我们为每一本书都撰写了《编者引言》,简要地综述相关著作的时代背景、思想精髓和历史地位,帮助读者理解原著、把握要义;同时概括地介绍相关著作写作和流传情况以及中文译本的编译出版情况,供读者参考。每一本书正文后面均附有注释和人名索引,以便于读者查考和检索。

《马克思恩格斯著作特辑》的技术规格沿用《马克思恩格斯全集》中文第二版的相关规定:在目录和正文中,凡标有星花＊的标题都是编者加的;引文中尖括号〈 〉内的文字和标点符号是马克思、恩格斯加的,引文中加圈点处是马克思、恩格斯加着重号的地方;目录和正文中方括号[ ]内的文字是编者加的;未注明"编者注"的脚注是马克思、恩格斯的原注;人名索引的条目按汉语拼音字母顺序排列。

自2014年以来,由我局编译的《马列主义经典作家文库》陆续问世。这部《马克思恩格斯著作特辑》所收的文献,均已编入《文库》,特此说明。

中共中央 马克思 恩格斯 著作编译局
       列 宁 斯大林

2018年2月

目 录

· 1 ·

插　　图

编 者 引 言

　　《路德维希·费尔巴哈和德国古典哲学的终结》是恩格斯阐述马克思主义哲学基本原理的重要著作。

　　19世纪后期,国际工人运动蓬勃发展,工人政党不断壮大,马克思主义得到广泛传播。资产阶级竭力从思想上瓦解工人运动,并将攻击的矛头对准马克思主义哲学。由于德国古典哲学是马克思主义哲学的直接来源,因此,他们一方面肆意曲解和否定德国古典哲学的积极成果,企图以此来攻击作为工人阶级世界观的马克思主义;另一方面,他们歪曲马克思主义哲学同德国古典哲学的关系,宣称马克思主义哲学只是黑格尔唯心主义辩证法和费尔巴哈机械唯物主义的"简单拼凑",力图以此来否认马克思主义的科学价值,抹杀工人阶级和资产阶级世界观的根本区别,从而把工人运动引向改良主义的歧途。为了回击资产阶级对马克思主义的诽谤,消除资产阶级思想对工人阶级及其政党的影响,澄清对马克思主义哲学的种种模糊认识,恩格斯深感有必要对马克思主义哲学同德国古典哲学的批判继承关系进行系统的论述,阐明辩证唯物主义和历史唯物主义是唯一科学的世界观。这也是恩格斯的夙愿。1885 年丹麦哲学家卡·尼·施达克的著作《路德维希·费尔巴哈》一书出版,德国社会民主党《新时代》杂志编辑部请恩格斯写一篇评论文章,他欣然同意,并撰写了《路德维希·费尔巴哈和德国古典哲学的终结》。

在这部著作中,恩格斯论述了马克思主义哲学形成和发展的历史过程,具体说明了它的理论来源和自然科学基础,详细阐述了马克思主义哲学同德国古典哲学、主要是同黑格尔辩证法和费尔巴哈唯物主义之间的批判继承关系和本质区别,深刻地分析了马克思主义哲学的诞生在哲学领域中引起革命变革的实质和意义,系统地阐述了辩证唯物主义和历史唯物主义的基本原理。他第一次提出"全部哲学,特别是近代哲学的重大的基本问题,是思维和存在的关系问题"(见本书第 17 页),哲学家们依照对思维和存在、精神和物质何者为本原的问题的不同回答而分成唯物主义和唯心主义两大阵营。恩格斯同时指出,思维和存在的关系问题还有另一个方面,即我们的思维能不能正确认识世界的问题,对这一问题的不同回答形成可知论和不可知论。恩格斯批驳了怀疑和否定人认识世界的可能性的错误观点,指出对这一哲学怪论的"最令人信服的驳斥是实践,即实验和工业"(见本书第 19 页)。他论述了马克思主义哲学产生的自然科学基础,阐明了自然科学的发展,特别是 19 世纪中叶自然科学领域中的"三大发现"(即细胞学说、能量守恒和转化规律以及生物进化论的创立)对辩证唯物主义的自然观和历史观形成的作用,指出:"随着自然科学领域中每一个划时代的发现,唯物主义也必然要改变自己的形式"(见本书第 22 页）。他阐明了辩证唯物主义的自然观和社会历史观的一致性,同时论述了社会发展史不同于自然发展史的特点,指出"在社会历史领域内进行活动的,是具有意识的、经过思虑或凭激情行动的、追求某种目的的人",但社会发展史与自然发展史的不同特点"丝毫不能改变这样一个事实:历史进程是受内在的一般规律支配的";"在表面上是偶然性在起作用的地方,这种偶然性始终是受内部的隐蔽着的规律支配的,而问题只是在于发现这些规律"(见本书第 43、44 页)。这部著作系统地论述了历史发展的动力、经济基础的决定作用和上层建筑的反作用、人民群众是历史的创造者等历史唯物主义基本原理,同时还阐明了马克思主义哲学的阶级基础,指出:"科学越是毫无顾忌和大公无私,它就越符合工人的利益和愿望。在劳动发展史中找到了理解全部社会史的锁钥的新派别,一开始就主要是面向工人阶级的,并且从工人阶级那里得到了同情,这种同情是它在官方科学那里既没有寻找也没有期望过的。德国的工人运动是德国古典哲学的继承者"(见本书第 55 页)。

在马克思主义哲学史上,这部著作具有十分重要的地位。1890 年,恩格斯在强调必须根据原著来研究马克思主义哲学基本原理时,特别提到了他写的《反杜林论》和《路德维希·费尔巴哈和德国古典哲学的终结》。恩格斯说:"我在这两部书里对历史唯物主义作了就我所知是目前最为详尽的阐述。"(见《马克思恩格斯选集》第 3 版第 4 卷第 606 页)列宁也曾多次阐明这部著作的理论意义,他指出:"马克思和恩格斯最坚决地捍卫了哲学唯物主义,并且多次说明,一切离开这个基础的倾向都是极端错误的。在恩格斯的著作《路德维希·费尔巴哈》和《反杜林论》里最明确最详尽地阐述了他们的观点,这两部著作同《共产党宣言》一样,都是每个觉悟工人必读的书籍。"(见《列宁选集》第3版修订版第2卷第310页)

《路德维希·费尔巴哈和德国古典哲学的终结》写于1886年1月—2月初,最初发表在《新时代》1886年第4年卷第4、5期,1888年在斯图加特出版单行本,恩格斯专门写了序言,强调撰写本书的目的就在于实现他和马克思多年的愿望,"把我们同黑格尔哲学的关系,我们怎样从这一哲学出发又怎样同它脱离,作一个简要而又系统的阐述"(见本书第4页),以便全面地论述马克思主义哲学的形成、发展过程和基本原理。

1889年圣彼得堡出版的杂志《北方通报》第3、4期刊登了恩格斯这部著作的俄译文,标题为《德国古典唯心主义哲学的危机》;1890年,这部著作被译成波兰文;1892年,日内瓦劳动解放社全文发表了格·普列汉诺夫翻译的俄译文,同年葡萄牙文译本问世;1894年,在巴黎出版的法国社会主义月刊《新纪元》第4期和第5期刊载了劳·拉法格翻译并经恩格斯审阅的法译文。

恩格斯1888年出版《路德维希·费尔巴哈和德国古典哲学的终结》单行本时,在附录中第一次发表了马克思1845年春在布鲁塞尔写的《关于费尔巴哈的提纲》。恩格斯在序言中说:"我在马克思的一本旧笔记中找到了十一条关于费尔巴哈的提纲,现在作为本书附录刊印出来。这是匆匆写成的供以后研究用的笔记,根本没有打算付印。但是它作为包含着新世界观的天才萌芽的第一个文献,是非常宝贵的。"(见本书第4—5页)这篇笔记表明马克思不仅同唯心主义,而且同旧唯物主义彻底划清了界限,为创立新世界观奠定了基础。马克思在这篇笔记中批判了费尔巴哈和一切旧唯物主义者忽视人的主观能动性、忽视实践作用的主要缺点,阐明了马克思主义的实践观,论述了实践是检验真理的标准的思想,强调"人的思维是否具有客观的真理性,这不是一个理论的问题,而是一个实践的问题。人应该在实践中证明自己思维的真理性"(见本书第60页);说明"全部社会生活在本质上是实践的"(见本书第62页),"环境的改变和人的活动或自我改变的一致,只能被看做是并合理地理解为革命的实践"(见本书第60页);指出"哲学家们只是用不同的方式解释世界,问题在于改变世界"(见本书第62页)。马克思还批判了旧唯物主义者对人的本质的抽象理解,指出"人的本质不是单个人所固有的抽象物,在其现实性上,它是一切社会关系的总和"(见本书第61页),从而把对人的认识置于唯物史观的科学基础上。

本书在附录中收录了马克思的《关于费尔巴哈的提纲》。这篇笔记在1844—1847年笔记本中的标题为《1.关于费尔巴哈》。后来,《马克思恩格斯全集》俄文版和德文版编者根据恩格斯在序言中的提法,将这一笔记定名为《关于费尔巴哈的提纲》。恩格斯在发表这个提纲时对个别地方作了文字上的修改。本书将马克思的原稿本和恩格斯修改的稿本一并收入。

在我国,《路德维希·费尔巴哈和德国古典哲学的终结》的中译文最初发表在1929年10月上海沪滨书局出版的林超真翻译的《宗教·哲学·社会主义》一书;1929年12月上海南强书局出版了彭嘉生的中译本;1937年上海生活书店出版了张仲实的中译本。《关于费尔巴哈的提纲》的中译文最初也发表在1929年版的《宗教·哲学·社会主义》一书,在以后出版的《路德维希·费尔巴哈和德国古典哲学的终结》的多种中译本中都收有这篇文献。

中央编译局成立后，在张仲实译本的基础上根据《马克思恩格斯全集》德文版第21卷，同时参考俄、英等译文重新校订了《路德维希·费尔巴哈和德国古典哲学的终结》，收入1965年出版的《马克思恩格斯全集》中文第一版第21卷。《关于费尔巴哈的提纲》则在人民出版社和苏联外国文书籍出版局出版的两种中译文的基础上，根据德文和俄文重新作了校订，收入1960年出版的《马克思恩格斯全集》中文第一版第3卷。此后两部著作分别收入1972年出版的《马克思恩格斯选集》第一版第4卷和第1卷。1995年在根据原文重新校订的基础上，两部著作又分别收入《马克思恩格斯选集》第二版第4卷和第1卷。中央编译局还于1972、1997年出版了单行本《路德维希·费尔巴哈和德国古典哲学的终结》，《关于费尔巴哈的提纲》作为附录收入。

从2004年起，在中央组织实施的马克思主义理论研究和建设工程中，中央编译局对这两部著作的译文和资料再次进行了审核和修订，分别收入2009年出版的《马克思恩格斯文集》第4卷和第1卷，此后又分别收入2012年出版的《马克思恩格斯选集》第三版第4卷和第1卷。

本书选自《马克思恩格斯选集》第三版第4卷和第1卷，并根据《马克思恩格斯全集》历史考证版第1部分第30卷对资料部分作了充实和完善。

弗·恩格斯

路德维希·费尔巴哈和德国古典哲学的终结

LUDWIG FEUERBACH

UND DER AUSGANG DER

KLASSISCHEN DEUTSCHEN PHILOSOPHIE

VON

FRIEDRICH ENGELS

REVIDIRTER SONDER - ABDRUCK AUS DER „NEUEN ZEIT"

MIT ANHANG:

KARL MARX ÜBER FEUERBACH
VOM JAHRE 1845.

STUTTGART

VERLAG VON J. H. W. DIETZ

1888.

《路德维希 · 费尔巴哈和德国古典哲学的终结》
1888 年斯图加特版的扉页

1888 年单行本序言

马克思在《政治经济学批判》(1859 年柏林版)的序言中说,1845 年我们两人在布鲁塞尔着手"共同阐明我们的见解"——主要由马克思制定的唯物主义历史观——"与德国哲学的意识形态的见解的对立,实际上是把我们从前的哲学信仰清算一下。这个心愿是以批判黑格尔以后的哲学的形式来实现的。两厚册八开本的原稿早已送到威斯特伐利亚的出版所,后来我们才接到通知说,由于情况改变,不能付印。既然我们已经达到了我们的主要目的——自己弄清问题,我们就情愿让原稿留给老鼠的牙齿去批判了"①。

从那时起已经过了 40 多年,马克思也已逝世,而我们两人谁也没有过机会回到这个题目上来。关于我们和黑格尔的关系,我们曾经在一些地方作了说明,但是无论哪个地方都不是全面系统的。至于费尔巴哈,虽然他在好些方面是黑格尔哲学和我们的观

---

① 马克思《〈政治经济学批判〉序言》,见《马克思恩格斯选集》第3版第2卷第4页。——编者注

点之间的中间环节,我们却从来没有回顾过他。

这期间,马克思的世界观远在德国和欧洲境界以外,在世界的一切文明语言中都找到了拥护者。另一方面,德国的古典哲学在国外,特别是在英国和斯堪的纳维亚各国,有某种复活。甚至在德国,各大学里借哲学名义来施舍的折中主义残羹剩汁,看来已叫人吃厌了。

在这种情况下,我感到越来越有必要把我们同黑格尔哲学的关系,我们怎样从这一哲学出发又怎样同它脱离,作一个简要而又系统的阐述。同样,我也感到我们还要还一笔信誉债,就是要完全承认,在我们的狂飚突进时期,费尔巴哈给我们的影响比黑格尔以后任何其他哲学家都大。所以,当《新时代》**1**杂志编辑部要我写一篇批评文章来评述施达克那本论费尔巴哈的书①时,我也就欣然同意了。我的这篇文章发表在该杂志 1886 年第 4 期和第 5 期,现在经过修订以单行本出版。

在这篇稿子送去付印以前,我又把 1845—1846 年的旧稿②找出来看了一遍。其中关于费尔巴哈的一章没有写完。已写好的部分是阐述唯物主义历史观的;这种阐述只是表明当时我们在经济史方面的知识还多么不够。旧稿中缺少对费尔巴哈学说本身的批判;所以,旧稿对现在这一目的是不适用的。可是我在马克思的一本旧笔记中找到了十一条关于费尔巴哈的提纲,现在作为本书附录刊印出来。这是匆匆写成的供以后研究用的笔记,根本没有打算付印。但是它作为包含着新世界观的天才萌芽的第一个文献,

---

① 指卡·尼·施达克《路德维希·费尔巴哈》1885 年斯图加特版。——编者注

② 指马克思和恩格斯《德意志意识形态》手稿。——编者注

是非常宝贵的。

弗里德里希·恩格斯

1888 年 2 月 21 日于伦敦

弗·恩格斯写于 1888 年 2 月 21 日

载于 1888 年在斯图加特出版的
《路德维希·费尔巴哈和德国古
典哲学的终结》一书

原文是德文

选自《马克思恩格斯选集》第 3 版
第 4 卷第 217—219 页

路德维希·费尔巴哈和
德国古典哲学的终结

一

我们面前的这部著作①使我们返回到一个时期,这个时期就时间来说离我们不过一代之久,但是它对德国现在的一代人却如此陌生,似乎已经相隔整整一个世纪了。然而这终究是德国准备1848年革命的时期;那以后我国所发生的一切,仅仅是1848年的继续,仅仅是革命遗嘱的执行罢了。

正像在18世纪的法国一样,在19世纪的德国,哲学革命也作了政治变革的前导。但是这两个哲学革命看起来是多么不同啊!法国人同整个官方科学,同教会,常常也同国家进行公开的斗争;他们的著作在国外,在荷兰或英国印刷,而他们本人则随时都可能进巴士底狱**2**。相反,德国人是一些教授,一些由国家任命的青年

---

① 恩格斯在这里加了一个注:"哲学博士卡·尼·施达克《路德维希·费尔巴哈》1885年斯图加特斐·恩克出版社版。"——编者注

的导师,他们的著作是公认的教科书,而全部发展的最终体系,即黑格尔的体系,甚至在某种程度上已经被推崇为普鲁士王国的国家哲学! 在这些教授后面,在他们的迂腐晦涩的言词后面,在他们的笨拙枯燥的语句里面竟能隐藏着革命吗? 那时被认为是革命代表人物的自由派,不正是最激烈地反对这种使人头脑混乱的哲学吗? 但是,不论政府或自由派都没有看到的东西,至少有**一个**人在1833 年已经看到了,这个人就是亨利希·海涅。**3**

举个例子来说吧。不论哪一个哲学命题都没有像黑格尔的一个著名命题那样引起近视的政府的感激和同样近视的自由派的愤怒,这个命题就是:

"凡是现实的都是合乎理性的,凡是合乎理性的都是现实的。"①

这显然是把现存的一切神圣化,是在哲学上替专制制度、警察国家、专断司法、书报检查制度祝福。弗里德里希-威廉三世是这样认为的,他的臣民也是这样认为的。但是,在黑格尔看来,决不是一切现存的都无条件地也是现实的。在他看来,现实性这种属性仅仅属于那同时是必然的东西;

"现实性在其展开过程中表明为必然性";

所以,他决不认为政府的任何一个措施——黑格尔本人举"某种税制"为例——都已经无条件地是现实的。② 但是必然的东西归根到底会表明自己也是合乎理性的。因此,黑格尔的这个命题应用于当

时的普鲁士国家,只是意味着:这个国家只在它是必然的时候是合乎理性的,是同理性相符合的。如果说它在我们看来终究是恶劣的,而它尽管恶劣却继续存在,那么,政府的恶劣可以从臣民的相应的恶劣中找到理由和解释。当时的普鲁士人有他们所应得的政府。

但是,根据黑格尔的意见,现实性决不是某种社会状态或政治状态在一切环境和一切时代所具有的属性。恰恰相反,罗马共和国是现实的,但是把它排斥掉的罗马帝国也是现实的。法国的君主制在1789年已经变得如此不现实,即如此丧失了任何必然性,如此不合理性,以致必须由大革命(黑格尔总是极其热情地谈论这次大革命)来把它消灭。所以,在这里,君主制是不现实的,革命是现实的。这样,在发展进程中,以前一切现实的东西都会成为不现实的,都会丧失自己的必然性、自己存在的权利、自己的合理性;一种新的、富有生命力的现实的东西就会代替正在衰亡的现实的东西——如果旧的东西足够理智,不加抵抗即行死亡,那就和平地代替;如果旧的东西抗拒这种必然性,那就通过暴力来代替。这样一来,黑格尔的这个命题,由于黑格尔的辩证法本身,就转化为自己的反面:凡在人类历史领域中是现实的,随着时间的推移,都会成为不合理性的,就是说,注定是不合理性的,一开始就包含着不合理性;凡在人们头脑中是合乎理性的,都注定要成为现实的,不管它同现存的、表面的现实多么矛盾。按照黑格尔的思维方法的一切规则,凡是现实的都是合乎理性的这个命题,就变为另一个命题:凡是现存的,都一定要灭亡。①

---

① 这里套用了歌德《浮士德》第1部第3场《书斋》中靡菲斯特斐勒司的话。——编者注

　　但是,黑格尔哲学(我们在这里只限于考察这种作为从康德以来的整个运动的完成的哲学)的真实意义和革命性质,正是在于它彻底否定了关于人的思维和行动的一切结果具有最终性质的看法。哲学所应当认识的真理,在黑格尔看来,不再是一堆现成的、一经发现就只要熟读死记的教条了;现在,真理是在认识过程本身中,在科学的长期的历史发展中,而科学从认识的较低阶段向越来越高的阶段上升,但是永远不能通过所谓绝对真理的发现而达到这样一点,在这一点上它再也不能前进一步,除了袖手一旁惊愕地望着这个已经获得的绝对真理,就再也无事可做了。在哲学认识的领域是如此,在任何其他的认识领域以及在实践行动的领域也是如此。历史同认识一样,永远不会在人类的一种完美的理想状态中最终结束;完美的社会、完美的"国家"是只有在幻想中才能存在的东西;相反,一切依次更替的历史状态都只是人类社会由低级到高级的无穷发展进程中的暂时阶段。每一个阶段都是必然的,因此,对它发生的那个时代和那些条件说来,都有它存在的理由;但是对它自己内部逐渐发展起来的新的、更高的条件来说,它就变成过时的和没有存在的理由了;它不得不让位于更高的阶段,而这个更高的阶段也要走向衰落和灭亡。正如资产阶级依靠大工业、竞争和世界市场在实践中推翻了一切稳固的、历来受人尊崇的制度一样,这种辩证哲学推翻了一切关于最终的绝对真理和与之相应的绝对的人类状态的观念。在它面前,不存在任何最终的东西、绝对的东西、神圣的东西;它指出所有一切事物的暂时性;在它面前,除了生成和灭亡的不断过程、无止境地由低级上升到高级的不断过程,什么都不存在。它本身就是这个过程在思维着的头脑中的反映。诚然,它也有保守的方面:它承认认识和社会的一定阶段对它那个时代和那种环境来说都有存在的理由,但也不过如此而已。这种观察方法的保守性是相对的,它的革命性质是绝对的——这就是辩证哲学所承认的唯一绝对的东西。

我们在这里用不着去研究这种观察方法是否同自然科学的现状完全符合的问题,自然科学预言了地球本身存在的可能的末日和它适合居住状况的相当肯定的末日,从而承认,人类历史不仅有上升的过程,而且有下降的过程。无论如何,我们离社会历史开始下降的转折点还相当遥远,我们也不能要求黑格尔哲学去研究当时还根本没有被自然科学提到日程上来的问题。

但是这里确实必须指出一点:黑格尔并没有这样清楚地作出如上的阐述。这是他的方法必然要得出的结论,但是他本人从来没有这样明确地作出这个结论。原因很简单,因为他不得不去建立一个体系,而按照传统的要求,哲学体系是一定要以某种绝对真理来完成的。所以,黑格尔,特别是在《逻辑学》中,尽管如此强调这种永恒真理不过是逻辑的或历史的过程本身,他还是觉得自己不得不给这个过程一个终点,因为他总得在某个地方结束他的体系。在《逻辑学》中,他可以再把这个终点作为起点,因为在这里,终点即绝对观念——它所以是绝对的,只是因为他关于这个观念绝对说不出什么来——"外化"也就是转化为自然界,然后在精神中,即在思维中和在历史中,再返回到自身。但是,要在全部哲学的终点上这样返回到起点,只有一条路可走。这就是把历史的终点设想成人类达到对这个绝对观念的认识,并宣布对绝对观念的这种认识已经在黑格尔的哲学中达到了。但是这样一来,黑格尔体系的全部教条内容就被宣布为绝对真理,这同他那消除一切教条东西的辩证方法是矛盾的;这样一来,革命的方面就被过分茂密的保守的方面所窒息。在哲学的认识上是这样,在历史的实践上也是这样。人类既然通过黑格尔这个人想出了绝对观念,那么在实践上也一定达到了能够在现实中实现这个绝对观念的地步。因此,绝对观念对同时代人的实践的政治的要求不可提得太高。因此,我们在《法哲学》的结尾发现,绝对观念应当在弗里德里希-威廉三世向他的臣民再三许诺而又不予兑现的那种等级君主制中得到实现,就是说,应当在有产阶级那种适应于当时德国小资产阶级关系的、有限的和温和的间接统治中得到实现;在这里还用思辨的方法向我们论证了贵族的必要性。

可见,单是体系的内部需要就足以说明,为什么彻底革命的思维方法竟产生了极其温和的政治结论。这个结论的特殊形式当然是由下列情况造成的:黑格尔是一个德国人,而且和他的同时代人歌德一样,拖着一根庸人的辫子。歌德和黑格尔在各自的领域中都是奥林波斯山上的宙斯,但是两人都没有完全摆脱德国庸人的习气。

但是,这一切并没有妨碍黑格尔的体系包括了以前任何体系所不可比拟的广大领域,而且没有妨碍它在这一领域中阐发了现在还令人惊奇的丰富思想。精神现象学(也可以叫做同精神胚胎学和精神古生物学类似的学问,是对个人意识各个发展阶段的阐述,这些阶段可以看做人类意识在历史上所经过的各个阶段的缩影)、逻辑学、自然哲学、精神哲学,而精神哲学又分成各个历史部门来研究,如历史哲学、法哲学、宗教哲学、哲学史、美学等等——在所有这些不同的历史领域中,黑格尔都力求找出并指明贯穿这些领域的发展线索;同时,因为他不仅是一个富于创造性的天才,而且是一个百科全书式的学识渊博的人物,所以他在各个领域中都起了划时代的作用。当然,由于"体系"的需要,他在这里常常不得不求救于强制性的结构,对这些结构,直到现在他的渺小的敌人还发出如此可怕的喊叫。但是这些结构仅仅是他的建筑物的骨架和脚手架;人们只要不是无谓地停留在它们面前,而是深入到大厦里面去,那就会发现无数的珍宝,这些珍宝就是在今天也还保持着充分的价值。在一切哲学家那里,正是"体系"是暂时性的东西,这恰恰因为"体系"产生于人类精神的永恒的需要,即克服一切矛盾的需要。但是,假定一切矛盾都一下子永远消除了,那么我们就达到了所谓绝对真理,世界历史就完结了,而世界历史虽然已经无事可做,却一定要继续发展下去——因而这是一个新的、不可解决的矛盾。一旦我们认识到(就获得这种认识来说,归根到底没有一个人比黑格尔本人对我们的帮助更大),这样给哲学提出的任务,无非就是要求一个哲学家完成那只有全人类在其前进的发展中才能完成的事情,那么以往那种意义上的全部哲学也就完结了。我们把沿着这个途径达不到而且任何单个人都无法达到的"绝对真理"撇在一边,而沿着实证科学和利用辩证思维对这些科学成果进行概括的途径去追求可以达到的相对真理。总之,哲学在黑格尔那里完成了,一方面,因为他在自己的体系中以最宏伟的方式概括了哲学的全部发展;另一方面,因为他(虽然是不自觉地)给我们指出了一条走出这些体系的迷宫而达到真正地切实地认识世界的道路。

可以理解,黑格尔的体系在德国的富有哲学味道的气氛中曾发生了多么巨大的影响。这是一次胜利进军,它延续了几十年,而且决没有随着黑格尔的逝世而停止。相反,正是从 1830 年到 1840 年,"黑格尔主义"取得了独占的统治,它甚至或多或少地感染了自己的敌手;正是在这个时期,黑格尔的观点自觉地或不自觉地大量渗入了各种科学,也渗透了通俗读物和日报,而普通的"有教养的意识"就是从这些通俗读物和日报中汲取自己的思想材料的。但是,这一全线胜利仅仅是一种内部斗争的序幕罢了。

黑格尔的整个学说,如我们所看到的,为容纳各种极不相同的实践的党派观点留下了广阔场所;而在当时的理论的德国,有实践意义的首先是两种东西:宗教和政治。特别重视黑格尔的**体系**的人,在两个领域中都可能是相当保守的;认为辩证**方法**是主要的东西的人,在政治上和宗教上都可能属于最极端的反对派。黑格尔本人,虽然在他的著作中相当频繁地爆发出革命的怒火,但是总的说来似乎更倾向于保守的方面;他在体系上所花费的"艰苦的思维劳动"倒比他在方法上所花费的要多得多。到 30 年代末,他的学派内的分裂越来越明显了。左翼,即所谓青年黑格尔派,在反对虔诚派的正统教徒和封建反动派的斗争中一点一点地放弃了在哲学上对当前的紧迫问题所采取的超然态度,由于这种态度,他们的学说在此之前曾经得到国家的容忍,甚至保护;到了 1840 年,正统教派的虔诚和封建专制的反动随着弗里德里希-威廉四世登上了王座,这时人们就不可避免地要公开站在这一派或那一派方面了。斗争依旧是用哲学的武器进行的,但已经不再是为了抽象的哲学目的;问题已经直接是要消灭传统的宗教和现存的国家了。如果说在《德国年鉴》[4]中实践的最终目的主要还是穿着哲学的外衣出场,那么,在 1842 年的《莱茵报》[5]上青年黑格尔学派已经直接作为努力向上的激进资产阶级的哲学出现,只是为了迷惑书报检查机关才用哲学伪装起来。

但是,政治在当时是一个荆棘丛生的领域,所以主要的斗争就转为反宗教的斗争;这一斗争,特别是从1840年起,间接地也是政治斗争。1835年出版的施特劳斯的《耶稣传》成了第一个推动力。后来,布鲁诺·鲍威尔反对该书中所阐述的福音神话发生说,证明许多福音故事都是作者自己虚构的。两人之间的争论是在"自我意识"对"实体"的斗争这一哲学幌子下进行的。神奇的福音故事是在宗教团体内部通过不自觉的、传统的创作神话的途径形成的呢,还是福音书作者自己虚构的——这个问题竟扩展为这样一个问题:在世界历史中起决定作用的力量是"实体"呢,还是"自我意识";最后,出现了施蒂纳,现代无政府主义的先知(巴枯宁从他那里抄袭了许多东西),他用他的至上的"唯一者"①压倒了至上的"自我意识"。

我们不打算更详细地考察黑格尔学派解体过程的这一方面。在我们看来,更重要的是:对现存宗教进行斗争的实践需要,把大批最坚决的青年黑格尔分子推回到英国和法国的唯物主义。他们在这里跟自己的学派的体系发生了冲突。唯物主义把自然界看做唯一现实的东西,而在黑格尔的体系中自然界只是绝对观念的"外化",可以说是这个观念的下降;无论如何,思维及其思想产物即观念在这里是本原的,而自然界是派生的,只是由于观念的下降才存在。他们就在这个矛盾中彷徨,尽管程度各不相同。

这时,费尔巴哈的《基督教的本质》②出版了。它直截了当地使唯物主义重新登上王座,这就一下子消除了这个矛盾。自然界是不依赖任何哲学而存在的;它是我们人类(本身就是自然界的

① 指麦·施蒂纳《唯一者及其所有物》1845年莱比锡版。——编者注
② 路·费尔巴哈《基督教的本质》1841年莱比锡版。——编者注

产物)赖以生长的基础;在自然界和人以外不存在任何东西,我们的宗教幻想所创造出来的那些最高存在物只是我们自己的本质的虚幻反映。魔法被破除了;"体系"被炸开并被抛在一旁了,矛盾既然仅仅是存在于想象之中,也就解决了。——这部书的解放作用,只有亲身体验过的人才能想象得到。那时大家都很兴奋:我们一时都成为费尔巴哈派了。马克思曾经怎样热烈地欢迎这种新观点,而这种新观点又是如何强烈地影响了他(尽管还有种种批判性的保留意见),这可以从《神圣家族》中看出来①。

甚至这部书的缺点也加强了它的一时的影响。美文学的、有时甚至是夸张的笔调赢得了广大的读者,无论如何,在抽象而费解的黑格尔主义的长期统治以后,使人们的耳目为之一新。对于爱的过度崇拜也是这样。这种崇拜,尽管不能认为有道理,在"纯粹思维"的已经变得不能容忍的至高统治下也是情有可原的。但是我们不应当忘记,从1844年起在德国的"有教养的"人们中间像瘟疫一样传播开来的"真正的社会主义"**6**,正是同费尔巴哈的这两个弱点紧密相连的。它以美文学的词句代替了科学的认识,主张靠"爱"来实现人类的解放,而不主张用经济上改革生产的办法来实现无产阶级的解放,一句话,它沉溺在令人厌恶的美文学和泛爱的空谈中了。它的典型代表就是卡尔·格律恩先生。

还有一点不应当忘记:黑格尔学派虽然解体了,但是黑格尔哲学并没有被批判地克服。施特劳斯和鲍威尔各自抓住黑格尔哲学的一个方面,在论战中互相攻击。费尔巴哈打破了黑格尔的体系,

---

① 马克思和恩格斯《神圣家族》,见《马克思恩格斯文集》第1卷第295页。——编者注

简单地把它抛在一旁。但是简单地宣布一种哲学是错误的,还制服不了这种哲学。像对民族的精神发展有过如此巨大影响的黑格尔哲学这样的伟大创作,是不能用干脆置之不理的办法来消除的。必须从它的本来意义上"扬弃"它,就是说,要批判地消灭它的形式,但是要救出通过这个形式获得的新内容。下面可以看到,这一任务是怎样实现的。

但是这时,1848年的革命毫不客气地把全部哲学都撇在一旁,正如费尔巴哈把他的黑格尔撇在一旁一样。这样一来,费尔巴哈本人也被挤到后台去了。

二

　　全部哲学,特别是近代哲学的重大的基本问题,是思维和存在的关系问题。在远古时代,人们还完全不知道自己身体的构造,并且受梦中景象的影响①,于是就产生一种观念:他们的思维和感觉不是他们身体的活动,而是一种独特的、寓于这个身体之中而在人死亡时就离开身体的灵魂的活动。从这个时候起,人们不得不思考这种灵魂对外部世界的关系。如果灵魂在人死时离开肉体而继续活着,那就没有理由去设想它本身还会死亡;这样就产生了灵魂不死的观念,这种观念在那个发展阶段出现决不是一种安慰,而是一种不可抗拒的命运,并且往往是一种真正的不幸,例如在希腊人那里就是这样。关于个人不死的无聊臆想之所以普遍产生,不是因为宗教上的安慰的需要,而是因为人们在普遍愚昧的情况下不知道对已经被认为存在的灵魂在肉体死后该怎么办。由于十分相似的原因,通过自然力的人格化,产生了最初的神。随着各种宗教

_____

① 恩格斯在这里加了一个注:"在蒙昧人和低级野蛮人中间,现在还流行着这样一种观念:梦中出现的人的形象是暂时离开肉体的灵魂;因而现实的人要对自己出现于他人梦中时针对做梦者而采取的行为负责。例如伊姆·特恩于 1884 年在圭亚那的印第安人中就发现了这种情形。"(参看伊姆·特恩《在圭亚那的印第安人中间》1883 年伦敦版第344—346 页。)——编者注

的进一步发展,这些神越来越具有了超世界的形象,直到最后,通过智力发展中自然发生的抽象化过程——几乎可以说是蒸馏过程,在人们的头脑中,从或多或少有限的和互相限制的许多神中产生了一神教的唯一的神的观念。

因此,思维对存在、精神对自然界的关系问题,全部哲学的最高问题,像一切宗教一样,其根源在于蒙昧时代的愚昧无知的观念。但是,这个问题,只是在欧洲人从基督教中世纪的长期冬眠中觉醒以后,才被十分清楚地提了出来,才获得了它的完全的意义。思维对存在的地位问题,这个在中世纪的经院哲学[7]中也起过巨大作用的问题:什么是本原的,是精神,还是自然界?——这个问题以尖锐的形式针对着教会提了出来:世界是神创造的呢,还是从来就有的?

哲学家依照他们如何回答这个问题而分成了两大阵营。凡是断定精神对自然界说来是本原的,从而归根到底承认某种创世说的人(而创世说在哲学家那里,例如在黑格尔那里,往往比在基督教那里还要繁杂和荒唐得多),组成唯心主义阵营。凡是认为自然界是本原的,则属于唯物主义的各种学派。

除此之外,唯心主义和唯物主义这两个用语本来没有任何别的意思,它们在这里也不是在别的意义上使用的。下面我们可以看到,如果给它们加上别的意义,就会造成怎样的混乱。

但是,思维和存在的关系问题还有另一个方面:我们关于我们周围世界的思想对这个世界本身的关系是怎样的?我们的思维能不能认识现实世界?我们能不能在我们关于现实世界的表象和概念中正确地反映现实?用哲学的语言来说,这个问题叫做思维和存在的同一性问题,绝大多数哲学家对这个问题都作了肯定的回答。例如在黑格尔那里,对这个问题的肯定回答是不言而喻的,因为我们在现实世界中所认识的,正是这个世界的思想内容,也就是那种使世界成为绝对观念的逐步实现的东西,这个绝对观念是从来就存在的,是不依赖于世界并且先于世界而在某处存在的;但是思维能够认识那一开始就已经是思想内容的内容,这是十分明显的。同样明显的是,在这里,要证明的东西已经默默地包含在前提里面了。但是,这决不妨碍黑格尔从他的思维和存在的同一性的论证中作出进一步的结论:他的哲学因为对他的思维来说是正确的,所以也就是唯一正确的;而思维和存在的同一性要得到证实,人类就要马上把他的哲学从理论转移到实践中去,并按照黑格尔的原则来改造整个世界。这是他和几乎所有的哲学家所共有的幻想。

但是,此外,还有其他一些哲学家否认认识世界的可能性,或者至少是否认彻底认识世界的可能性。在近代哲学家中,休谟和康德就属于这一类,而他们在哲学的发展上是起过很重要的作用的。对驳斥这一观点具有决定性的东西,凡是从唯心主义观点出发所能说的,黑格尔都已经说了;费尔巴哈所增加的唯物主义的东西,与其说是深刻的,不如说是机智的。对这些以及其他一切哲学上的怪论的最令人信服的驳斥是实践,即实验和工业。既然我们自己能够制造出某一自然过程,按照它的条件把它生产出来,并使它为我们的目的服务,从而证明我们对这一过程的理解是正确的,那么康德的不可捉摸的"自在之物"就完结了。动植物体内所产生的化学物质,在有机化学开始把它们一一制造出来以前,一直是这种"自在之物";一旦把它们制造出来,"自在之物"就变成为我之物了,例如茜草的色素——茜素,我们已经不再从地里的茜草根中取得,而是用便宜得多、简单得多的方法从煤焦油里提炼出来了。哥白尼的太阳系学说有 300 年之久一直是一种假说,这个假说尽管有 99%、99.9%、99.99% 的可靠性,但毕竟是一种假说;而当勒维烈从这个太阳系学说所提供的数据中,不仅推算出必定存在一个尚未知道的行星,而且还推算出这个行星在太空中的位置的时候,当后来加勒确实发现了这个行星①的时候,哥白尼的学说就被证实了。如果新康德主义者企图在德国复活康德的观点,而不可知论者企图在英国复活休谟的观点(在那里休谟的观点从来没有绝迹),那么,鉴于这两种观点在理论上和实践上早已被驳倒,这种企图在科学上就是开倒车,而在实践上只是一种暗中接受唯物主义而当众又加以拒绝的羞羞答答的做法。

但是,在从笛卡儿到黑格尔和从霍布斯到费尔巴哈这一长时期内,推动哲学家前进的,决不像他们所想象的那样,只是纯粹思想的力量。恰恰相反,真正推动他们前进的,主要是自然科学和工业的强大而日益迅猛的进步。在唯物主义者那里,这已经是一目了然的了,而唯心主义体系也越来越加进了唯物主义的内容,力图用泛神论来调和精神和物质的对立;因此,归根到底,黑格尔的体系只是一种就方法和内容来说唯心主义地倒置过来的唯物主义。

由此可以明白,为什么施达克在他对费尔巴哈的评述中,首先研究费尔巴哈对思维和存在的关系这个基本问题的立场。在简短的导言里,作者对以前的,特别是从康德以来的哲学家的见解,都是用不必要的晦涩难懂的哲学语言来阐述的,并且由于过分形式

---

① 德国天文学家约·加勒于 1846 年 9 月 23 日发现了海王星。——编者注

主义地拘泥于黑格尔著作中的个别词句而大大贬低了黑格尔。在这个导言以后，他详细地叙述了费尔巴哈的有关著作中相继表现出来的这位哲学家的"形而上学"本身的发展进程。这一部分叙述得很用心、很明白，不过像整本书一样，哲学用语堆砌得太多，而这决不是到处都不可避免的。作者越是不保持同一学派或者哪怕是费尔巴哈本人的用语，越是把各种流派，特别是现在流行的自封的哲学派别的用语混在一起，这种堆砌所造成的混乱就越大。

费尔巴哈的发展进程是一个黑格尔主义者（诚然，他从来不是完全正统的黑格尔主义者）走向唯物主义的发展进程，这一发展使他在一定阶段上同自己的这位先驱者的唯心主义体系完全决裂了。他势所必然地终于认识到，黑格尔的"绝对观念"之先于世界的存在，在世界之前就有的"逻辑范畴的预先存在"，不外是对世界之外的造物主的信仰的虚幻残余；我们自己所属的物质的、可以感知的世界，是唯一现实的；而我们的意识和思维，不论它看起来是多么超感觉的，总是物质的、肉体的器官即人脑的产物。物质不是精神的产物，而精神本身只是物质的最高产物。这自然是纯粹的唯物主义。但是费尔巴哈到这里就突然停止不前了。他不能克服通常的哲学偏见，即不反对事情本身而反对唯物主义这个名称的偏见。他说：

"在我看来，唯物主义是人的本质和人类知识的大厦的基础；但是，我认为它不是生理学家、狭义的自然科学家如摩莱肖特所认为的而且从他们的观点和专业出发所必然认为的那种东西，即大厦本身。向后退时，我同唯物主义者完全一致；但是往前进时就不一致了。"[8]

费尔巴哈在这里把唯物主义这种建立在对物质和精神关系的特定理解上的一般世界观同这一世界观在特定的历史阶段即18

世纪所表现的特殊形式混为一谈了。不仅如此,他还把唯物主义同它的一种肤浅的、庸俗化了的形式混为一谈,18世纪的唯物主义现在就以这种形式继续存在于自然科学家和医生的头脑中,并且被毕希纳、福格特和摩莱肖特在50年代拿着到处叫卖。但是,像唯心主义一样,唯物主义也经历了一系列的发展阶段。甚至随着自然科学领域中每一个划时代的发现,唯物主义也必然要改变自己的形式;而自从历史也得到唯物主义的解释以后,一条新的发展道路也在这里开辟出来了。

上一世纪的唯物主义主要是机械唯物主义,因为那时在所有自然科学中只有力学,而且只有固体(天上的和地上的)力学,简言之,即重力的力学,达到了某种完善的地步。化学刚刚处于幼稚的燃素说[9]的形态中。生物学尚在襁褓中;对植物和动物的机体只作过粗浅的研究,并用纯粹机械的原因来解释;正如在笛卡儿看来动物是机器一样,在18世纪的唯物主义者看来,人是机器。仅仅运用力学的尺度来衡量化学性质的和有机性质的过程(在这些过程中,力学定律虽然也起作用,但是被其他较高的定律排挤到次要地位),这是法国古典唯物主义的一个特有的,但在当时不可避免的局限性。

这种唯物主义的第二个特有的局限性在于:它不能把世界理解为一种过程,理解为一种处在不断的历史发展中的物质。这是同当时的自然科学状况以及与此相联系的形而上学的即反辩证法的哲学思维方法相适应的。人们已经知道,自然界处在永恒的运动中。但是根据当时的想法,这种运动是永远绕着一个圆圈旋转,因而始终不会前进;它总是产生同一结果。这种想法在当时是不可避免的。康德的太阳系起源理论刚刚提出,而且还只是被看做纯粹的奇谈。地球发展史,即地质学,还完全没有人知道,而关于现今的生物是由简单到复杂的长期发展过程的结果的看法,当时还根本不可能科学地提出来。因此,对自然界的非历史观点是不可避免的。根据这一点大可不必去责备18世纪的哲学家,因为连黑格尔也有这种观点。在黑格尔看来,自然界只是观念的"外化",它不能在时间上发展,只能在空间扩展自己的多样性,因此,它把自己所包含的一切发展阶段同时地、并列地展示出来,并且注定永远重复始终是同一的过程。黑格尔把发展是在空间以内,但在时间(这是一切发展的基本条件)以外发生的这种谬论强加于自然界,恰恰是在地质学、胚胎学、植物和动物生理学以及有机化学都已经建立起来,并且在这些新科学的基础上到处都出现了对后来的进化论的天才预想(例如歌德和拉马克)的时候。但是,体系要求这样,于是,方法为了迎合体系就不得不背叛自己。

这种非历史观点也表现在历史领域中。在这里,反对中世纪残余的斗争限制了人们的视野。中世纪被看做是千年普遍野蛮状态造成的历史的简单中断;中世纪的巨大进步——欧洲文化领域的扩大,在那里一个挨着一个形成的富有生命力的大民族,以及14世纪和15世纪的巨大的技术进步,这一切都没有被人看到。这样一来,对伟大历史联系的合理看法就不可能产生,而历史至多不过是一部供哲学家使用的例证和图解的汇集罢了。

50年代在德国把唯物主义庸俗化的小贩们,根本没有突破他们的老师们的这些局限。自然科学后来获得的一切进步,仅仅成了他们否认有世界创造主存在的新证据;实际上,他们所做的事情决不是进一步发展理论。如果说唯心主义当时已经智穷才竭,并且由于1848年革命受到了致命的打击,那么,它感到满足的是,唯物主义在这个时候更是江河日下。费尔巴哈拒绝为这种唯物主义负责是完全对的;只是他不应该把这些巡回传教士的学说同一般唯物主义混淆起来。

但是,这里应当注意两种情况。第一,费尔巴哈在世时,自然科学也还处在剧烈的酝酿过程中,这一过程只是在最近15年才达到了足以澄清问题的相对完成的地步;新的认识材料以空前的规模被提供出来,但是,只是到最近才有可能在纷纷涌来的这一大堆杂乱的发现中建立起联系,从而使它们有了条理。虽然三个决定性的发现——细胞、能量转化和以达尔文命名的进化论的发现,费尔巴哈在世时全看到了,但是,这位在乡间过着孤寂生活的哲学家怎么能够对科学充分关注,给这些发现以足够的评价呢? 何况对这些发现就连当时的自然科学家有的还持有异议,有的还不懂得充分利用。这里只能归咎于德国的可怜状况,由于这种状况,当时哲学讲席都被那些故弄玄虚的折中主义的小识小见之徒占据了,而比所有这些人高明百倍的费尔巴哈,却不得不在穷乡僻壤中过着农民式的孤陋寡闻的生活。因而,现在已经成为可能的、排除了法国唯物主义的一切片面性的、历史的自然观,始终没有为费尔巴哈所了解,这就不是他的过错了。

第二,费尔巴哈说得完全正确:纯粹自然科学的唯物主义虽然

"是人类知识的大厦的基础,但不是大厦本身"。

因为,我们不仅生活在自然界中,而且生活在人类社会中,人类社会同自然界一样也有自己的发展史和自己的科学。因此,问题在于使关于社会的科学,即所谓历史科学和哲学科学的总和,同唯物主义的基础协调起来,并在这个基础上加以改造。但是,这一

点费尔巴哈是做不到的。他虽然有"基础",但是在这里仍然受到传统的唯心主义的束缚,这一点他自己也是承认的,他说:

"向后退时,我同唯物主义者是一致的;但是往前进时就不一致了。"

但是在这里,在社会领域内,正是费尔巴哈本人没有"前进",没有超过自己在 1840 年或 1844 年的观点,这仍旧主要是由于他的孤寂生活,这种生活迫使这位比其他任何哲学家都更爱好社交的哲学家从他的孤寂的头脑中,而不是从同与他才智相当的人们的友好或敌对的接触中产生出自己的思想。费尔巴哈在这个领域内究竟在多大程度上仍然是唯心主义者,我们将在下面加以详细的考察。

这里还应当指出,施达克在找费尔巴哈的唯心主义时找错了地方。他说:

"费尔巴哈是唯心主义者,他相信人类的进步。"(第 19 页)"唯心主义仍旧是一切的基础、根基。在我们看来,实在论只是在我们追求自己的理想的意图时使我们不致误入迷途而已。难道同情、爱以及对真理和正义的热忱不是理想的力量吗?"(第 VIII 页)①

第一,在这里无非是把对理想目的的追求叫做唯心主义。但这些目的至多同康德的唯心主义及其"绝对命令"有必然联系;然而康德自己把他的哲学叫做"先验的唯心主义",决不是因为那里也讲到道德的理想,而完全是由于别的理由,这是施达克会记得的。有一种迷信,认为哲学唯心主义的中心就是对道德理想即对社会理想的信仰,这种迷信是在哲学之外产生的,是在那些把席勒

---

① 引自卡·尼·施达克《路德维希·费尔巴哈》1885 年斯图加特版。
　　——编者注

诗歌中符合他们需要的少数哲学上的只言片语背得烂熟的德国庸人中产生的。没有一个人比恰恰是十足唯心主义者的黑格尔更尖锐地批评了康德的软弱无力的"绝对命令"(它之所以软弱无力,是因为它要求不可能的东西,因而永远达不到任何现实的东西),没有一个人比他更辛辣地嘲笑了席勒所传播的那种沉湎于不能实现的理想的庸人习气(见《现象学》①)。

第二,决不能避免这种情况:推动人去从事活动的一切,都要通过人的头脑,甚至吃喝也是由于通过头脑感觉到饥渴而开始,并且同样由于通过头脑感觉到饱足而停止。外部世界对人的影响表现在人的头脑中,反映在人的头脑中,成为感觉、思想、动机、意志,总之,成为"理想的意图",并且以这种形态变成"理想的力量"。如果一个人只是由于他追求"理想的意图"并承认"理想的力量"对他的影响,就成了唯心主义者,那么任何一个发育稍稍正常的人都是天生的唯心主义者了,怎么还会有唯物主义者呢?

第三,关于人类(至少在现时)总的说来是沿着进步方向运动的这种信念,是同唯物主义和唯心主义的对立绝对不相干的。法国唯物主义者同自然神论者[10]伏尔泰和卢梭一样,几乎狂热地抱有这种信念,并且往往为它付出最大的个人牺牲。如果说有谁为了"对真理和正义的热忱"(就这句话的正面的意思说)而献出了整个生命,那么,例如狄德罗就是这样的人。由此可见,施达克把这一切说成是唯心主义,这只是证明:唯物主义这个名词以及两个派别的全部对立,在这里对他来说已经失去了任何意义。

事实上,施达克在这里向那种由于教士的多年诽谤而流传下

---

① 即黑格尔《精神现象学》。——编者注

来的对唯物主义这个名称的庸人偏见作了不可饶恕的让步,虽然这也许是不自觉的。庸人把唯物主义理解为贪吃、酗酒、娱目、肉欲、虚荣、爱财、吝啬、贪婪、牟利、投机,简言之,即他本人暗中迷恋着的一切龌龊行为;而把唯心主义理解为对美德、普遍的人类爱的信仰,总之,对"美好世界"的信仰。他在别人面前夸耀这个"美好世界",但是他自己至多只是在这样的时候才相信这个"美好世界",这时,他由于自己习以为常的"唯物主义的"放纵而必然感到懊丧或遭到破产,并因此唱出了他心爱的歌:人是什么? 一半是野兽,一半是天使①。

在其他方面,施达克极力保护费尔巴哈,反对现今在德国以哲学家名义大吹大擂的大学教师们的攻击和学说。对关心德国古典哲学的这些不肖子孙的人们来说,这的确是很重要的;对施达克本人来说,这也许是必要的。不过我们就怜惜怜惜读者吧。

---

① 约·洛·埃弗斯《人的规定》一诗的开篇,见格·比希曼《常被人引证的名言》1898年第19版第138—139页。——编者注

三

我们一接触到费尔巴哈的宗教哲学和伦理学,他的真正的唯心主义就显露出来了。费尔巴哈决不希望废除宗教,他希望使宗教完善化。哲学本身应当融化在宗教中。

"人类的各个时期仅仅由于宗教的变迁而彼此区别开来。某一历史运动,只有在它深入人心的时候,才是根深蒂固的。心不是宗教的形式,因而不应当说宗教也存在于心中;心是宗教的本质。"[11](引自施达克的书,第168页)

按照费尔巴哈的看法,宗教是人与人之间的感情的关系、心灵的关系,过去这种关系是在现实的虚幻映象中(借助于一个神或许多神,即人类特性的虚幻映象)寻找自己的真理,现在却直接地而不是间接地在我和你之间的爱中寻找自己的真理了。归根到底,在费尔巴哈那里,性爱即使不是他的新宗教借以实现的最高形式,也是最高形式之一。

人与人之间的,特别是两性之间的感情关系,是自从有人类以来就存在的。而性爱在最近800年间获得了这样的发展和地位,竟成了这个时期中一切诗歌必须环绕着旋转的轴心了。现存的通行的宗教只限于使国家对性爱的管理即婚姻立法神圣化;这些宗教也许明天就会完全消失,但是爱情和友谊的实践并不会发生丝毫变化。在法国,从 1793 年到 1798 年,基督教的确曾经消失到这种程度,连拿破仑去恢复它也不能不遇到抵抗和困难,但是在这一期间,并没有感觉到需要用费尔巴哈意义上的宗教去代替它。

在这里,费尔巴哈的唯心主义就在于:他不是抛开对某种在他看来也已成为过去的特殊宗教的回忆,直截了当地按照本来面貌看待人们彼此间以相互倾慕为基础的关系,即性爱、友谊、同情、舍己精神等等,而是断言这些关系只有在用宗教名义使之神圣化以后才会获得自己的完整的意义。在他看来,主要的并不是存在着这种纯粹人的关系,而是要把这些关系看做新的、真正的宗教。这些关系只是在盖上了**宗教的**印记以后才被认为是完满的。宗教一词是从 religare 一词来的,本来是联系的意思。因此,两个人之间的任何联系都是宗教。这种词源学上的把戏是唯心主义哲学的最后一着。这个词的意义,不是按照它的实际使用的历史发展来决定,而竟然按照来源来决定。因此,仅仅为了使宗教这个对唯心主义回忆很宝贵的名词不致从语言中消失,性爱和性关系竟被尊崇为"宗教"。在 40 年代,巴黎的路易·勃朗派改良主义者[12]正是这样说的,他们也认为不信宗教的人只是一种怪物,并且对我们说:因此,无神论就是你们的宗教!费尔巴哈想以一种本质上是唯物主义的自然观为基础建立真正的宗教,这就等于把现代化学当做真正的炼金术。如果无神的宗教可以存在,那么没有哲人之石的炼金术也可以存在了。况且,炼金术和宗教之间是有很紧密的联系的。哲人之石有许多类似神的特性,公元头两世纪埃及和希腊的炼金术士在基督教学说的形成上也出了一份力量。柯普和拜特洛所提供的材料就证明了这一点。[13]

费尔巴哈的下面这个论断是绝对错误的:

"人类的各个时期仅仅由于宗教的变迁而彼此区别开来。"

重大的历史转折点有宗教变迁**相伴随**,只是就迄今存在的三种世界宗教——佛教、基督教和伊斯兰教而言。古老的自发产生的部落宗教和民族宗教是不传布的,一旦部落或民族的独立遭到破坏,它们便失掉任何抵抗力;拿日耳曼人来说,甚至他们一接触正在崩溃的罗马世界帝国以及它刚刚采用的,适应于它的经济、政治、精神状态的世界基督教,这种情形就发生了。仅仅在这些多少是人工造成的世界宗教,特别是基督教和伊斯兰教那里,我们才发现比较一般的历史运动带有宗教的色彩,甚至在基督教传播的范围内,具有真正普遍意义的革命也只有在资产阶级解放斗争的最初阶段即从 13 世纪到 17 世纪,才带有这种宗教色彩;而且,这种色彩不能像费尔巴哈所想的那样,用人的心灵和人的宗教需要来解释,而要用以往的整个中世纪的历史来解释,中世纪的历史只知道一种形式的意识形态,即宗教和神学。但是到了 18 世纪,资产阶级已经强大得足以建立他们自己的、同他们的阶级地位相适应的意识形态了,这时他们才进行了他们的伟大而彻底的革命——法国革命,而且仅仅诉诸法律的和政治的观念,只是在宗教挡住他们的道路时,他们才理会宗教;但是他们没有想到要用某种新的宗教来代替旧的宗教;大家知道,罗伯斯比尔在这方面曾遭受了怎样的失败。

同他人交往时表现纯粹人类感情的可能性,今天已经被我们不得不生活于其中的、以阶级对立和阶级统治为基础的社会破坏得差不多了。我们没有理由把这种感情尊崇为宗教,从而更多地破坏这种可能性。同样,对历史上的重大的阶级斗争的理解,特别是在德国,已经被流行的历史编纂学弄得够模糊了,用不着我们去把这些斗争的历史变为教会史的单纯附属品,使这种理解成为完全不可能。由此可见,现在我们已经离开费尔巴哈多么远了。他那赞美新的爱的宗教的"最美丽的篇章"现在已经不值一读了。

费尔巴哈认真地研究过的唯一的宗教是基督教,即以一神教为基础的西方的世界宗教。他指出,基督教的神只是人的虚幻的反映、映象。但是,这个神本身是长期的抽象过程的产物,是以前的许多部落神和民族神集中起来的精华。与此相应,被反映为这个神的人也不是一个现实的人,而同样是许多现实的人的精华,是抽象的人,因而本身又是一个思想上的形象。费尔巴哈在每一页上都宣扬感性,宣扬专心研究具体的东西、研究现实,可是这同一个费尔巴哈,一谈到人们之间纯粹的性关系以外的某种关系,就变成完全抽象的了。

他在这种关系中仅仅看到一个方面——道德。在这里,同黑格尔比较起来,费尔巴哈的惊人的贫乏又使我们诧异。黑格尔的伦理学或关于伦理的学说就是法哲学,其中包括:(1)抽象的法,(2)道德,(3)伦理,其中又包括家庭、市民社会[14]、国家。在这里,形式是唯心主义的,内容是实在论的。法、经济、政治的全部领域连同道德都包括进去了。在费尔巴哈那里情况恰恰相反。就形式讲,他是实在论的,他把人作为出发点;但是,关于这个人生活的世界却根本没有讲到,因而这个人始终是在宗教哲学中出现的那种抽象的人。这个人不是从娘胎里生出来的,他是从一神教的神羽化而来的,所以他也不是生活在现实的、历史地发生和历史地确定了的世界里面;虽然他同其他的人来往,但是任何一个其他的人也和他本人一样是抽象的。在宗教哲学里,我们终究还可以看到男

人和女人,但是在伦理学里,连这最后一点差别也消失了。的确,在费尔巴哈那里间或也出现这样的命题:

"皇宫中的人所想的,和茅屋中的人所想的是不同的。"[15]——"如果你因为饥饿、贫困而身体内没有养料,那么你的头脑中、你的感觉中以及你的心中便没有供道德用的养料了。"[16]——"政治应当成为我们的宗教"[17],等等。

但是,费尔巴哈完全不知道用这些命题去干什么,它们始终是纯粹的空话,甚至施达克也不得不承认,政治对费尔巴哈是一个不可通过的区域,而

"关于社会的学说,即社会学,对他来说,是一个未知的领域"[18]。

在善恶对立的研究上,他同黑格尔比起来也是肤浅的。黑格尔指出:

"有人以为,当他说人本性是善的这句话时,是说出了一种很伟大的思想;但是他忘记了,当人们说人本性是恶的这句话时,是说出了一种更伟大得多的思想。"[19]

在黑格尔那里,恶是历史发展的动力的表现形式。这里有双重意思,一方面,每一种新的进步都必然表现为对某一神圣事物的亵渎,表现为对陈旧的、日渐衰亡的、但为习惯所崇奉的秩序的叛逆;另一方面,自从阶级对立产生以来,正是人的恶劣的情欲——贪欲和权势欲成了历史发展的杠杆,关于这方面,例如封建制度的和资产阶级的历史就是一个独一无二的持续不断的证明。但是,费尔巴哈就没有想到要研究道德上的恶所起的历史作用。历史对他来说是一个不愉快的可怕的领域。他有句名言:

"当人最初从自然界产生的时候,他也只是一个纯粹的自然物,而不是

人。人是人、文化、历史的产物。"[20]——

甚至这句名言在他那里也是根本不结果实的。

　　从上述一切可以明白,关于道德,费尔巴哈所告诉我们的东西只能是极其贫乏的。追求幸福的欲望是人生来就有的,因而应当是一切道德的基础。但是,追求幸福的欲望受到双重的矫正。第一,受到我们的行为的自然后果的矫正:酒醉之后,必定头痛;放荡成习,必生疾病。第二,受到我们的行为的社会后果的矫正:要是我们不尊重他人同样的追求幸福的欲望,那么他们就会反抗,妨碍我们自己追求幸福的欲望。由此可见,我们要满足我们的这种欲望,就必须能够正确地估量我们的行为的后果,另一方面还必须承认他人有相应的欲望的平等权利。因此,对己以合理的自我节制,对人以爱(又是爱!),这就是费尔巴哈的道德的基本准则,其他一切准则都是从中引申出来的。无论费尔巴哈的妙趣横生的议论或施达克的热烈无比的赞美,都不能掩盖这几个命题的贫乏和空泛。

　　如果一个人只同自己打交道,他追求幸福的欲望只有在非常罕见的情况下才能得到满足,而且决不会对己对人都有利。他的这种欲望要求同外部世界打交道,要求有得到满足的手段:食物、异性、书籍、娱乐、辩论、活动、消费和加工的对象。费尔巴哈的道德或者是以每一个人无疑地都有这些满足欲望的手段和对象为前提,或者只向每一个人提供无法应用的忠告,因而对于没有这些手段的人是一文不值的。这一点,费尔巴哈自己也说得很直截了当:

　　"皇宫中的人所想的,和茅屋中的人所想的是不同的。"[15]"如果你因为饥饿、贫困而身体内没有养料,那么你的头脑中、你的感觉中以及你的心中便没有供道德用的养料了。"**16**

至于说到他人追求幸福的平等权利,情况是否好一些呢? 费尔巴哈提出这种要求,认为这种要求是绝对的,是适合于任何时代和任何情况的。但是这种要求从什么时候起被认为是适合的呢? 在古代的奴隶和奴隶主之间,在中世纪的农奴和领主之间,难道谈得上有追求幸福的平等权利吗? 被压迫阶级追求幸福的欲望不是被冷酷无情地"依法"变成了统治阶级的这种欲望的牺牲品吗? ——是的,这也是不道德的,但是现在平等权利被承认了。资产阶级在反对封建制度的斗争中和在发展资本主义生产的过程中不得不废除一切等级的即个人的特权,而且起初在私法方面,后来逐渐在公法方面实施了个人在法律上的平等权利,从那时以来并且由于那个缘故,平等权利在口头上是被承认了。但是,追求幸福的欲望只有极微小的一部分可以靠观念上的权利来满足,绝大部分却要靠物质的手段来实现,而由于资本主义生产所关心的,是使绝大多数权利平等的人仅有最必需的东西来勉强维持生活,所以资本主义对多数人追求幸福的平等权利所给予的尊重,即使有,也未必比奴隶制或农奴制所给予的多一些。至于说到幸福的精神手段、教育手段,情况是否好一些呢? 就连"萨多瓦的教师"**21**不也是一个神话人物吗?

不仅如此。根据费尔巴哈的道德论,证券交易所就是最高的道德殿堂,只要人们的投机始终都是得当的。如果我的追求幸福的欲望把我引进了交易所,而且我在那里又善于正确地估量我的行为的后果,因而这些后果只使我感到愉快而不引起任何损失,就是说,如果我经常赚钱的话,那么费尔巴哈的指示就算执行了。我也并没有因此就妨碍另一个人的同样的追求幸福的欲望,因为另一个人和我一样,是自愿到交易所去的,他和我达成投机交易时是按照他追求幸福的欲望行事,正如我是按照我追求幸福的欲望行事一样。如果他赔了钱,那么这就证明他的行为是不道德的,因为他盘算错了,而且,我在对他执行应得的惩罚时,甚至可以摆出现代拉达曼的威风来。只要爱不纯粹是温情的空话,交易所也是由爱统治的,因为每个人都靠别人来满足自己追求幸福的欲望,而这就是爱应当做的事情,爱也在这里得到实现。如果我在那里正确地预见到我的行动的后果,因而赌赢了,那么我就执行了费尔巴哈道德的一切最严格的要求,而且还成了富翁。换句话说,费尔巴哈的道德是完全适合于现代资本主义社会的,不管他自己多么不愿意或想不到是这样。

可是爱啊!——真的,在费尔巴哈那里,爱随时随地都是一个创造奇迹的神,可以帮助克服实际生活中的一切困难——而且这是在一个分裂为利益直接对立的阶级的社会里。这样一来,他的哲学中的最后一点革命性也消失了,留下的只是一个老调子:彼此相爱吧!不分性别、不分等级地互相拥抱吧!——大家都陶醉在和解中了!

简单扼要地说,费尔巴哈的道德论是和它的一切前驱者一样的。它是为一切时代、一切民族、一切情况而设计出来的;正因为如此,它在任何时候和任何地方都是不适用的,而在现实世界面前,是和康德的绝对命令一样软弱无力的。实际上,每一个阶级,甚至每一个行业,都各有各的道德,并且,只要它能破坏这种道德而不受惩罚,它就加以破坏。而本应把一切人都联合起来的爱,则表现在战争、争吵、诉讼、家庭纠纷、离婚以及一些人对另一些人的尽可能的剥削中。

但是,费尔巴哈所提供的强大推动力怎么能对他本人毫无结果呢?理由很简单,因为费尔巴哈不能找到从他自己所极端憎恶的抽象王国通向活生生的现实世界的道路。他紧紧地抓住自然界和人;但是,在他那里,自然界和人都只是空话。无论关于现实的自然界或关于现实的人,他都不能对我们说出任何确定的东西。要从费尔巴哈的抽象的人转到现实的、活生生的人,就必须把这些人作为在历史中行动的人去考察。而费尔巴哈反对这样做,因此,他所不了解的 1848 年对他来说只意味着和现实世界最后分离,意味着退入孤寂的生活。在这方面,主要又要归咎于德国的状况,这种状况使他落得这种悲惨的结局。

但是,费尔巴哈没有走的一步,必定会有人走的。对抽象的人的崇拜,即费尔巴哈的新宗教的核心,必定会由关于现实的人及其历史发展的科学来代替。这个超出费尔巴哈而进一步发展费尔巴哈观点的工作,是由马克思于 1845 年在《神圣家族》中开始的。

四

  施特劳斯、鲍威尔、施蒂纳、费尔巴哈,就他们没有离开哲学这块土地来说,都是黑格尔哲学的分支。施特劳斯写了《耶稣传》和《教义学》²²以后,就只从事写作勒南式的哲学和教会史的美文学作品;鲍威尔只是在基督教起源史方面做了一些事情,虽然他在这里所做的也是重要的;施蒂纳甚至在巴枯宁把他同蒲鲁东混合起来并且把这个混合物命名为"无政府主义"以后,依然是一个怪物;唯有费尔巴哈是个杰出的哲学家。但是,不仅哲学这一似乎凌驾于一切专门科学之上并把它们包罗在内的科学的科学,对他来说,仍然是不可逾越的屏障,不可侵犯的圣物,而且作为一个哲学家,他也停留在半路上,他下半截是唯物主义者,上半截是唯心主义者;他没有批判地克服黑格尔,而是简单地把黑格尔当做无用的东西抛在一边,同时,与黑格尔体系的百科全书式的丰富内容相比,他本人除了矫揉造作的爱的宗教和贫乏无力的道德以外,拿不出什么积极的东西。

  但是,从黑格尔学派的解体过程中还产生了另一个派别,唯一的真正结出果实的派别。这个派别主要是同马克思的名字联系在一起的。①

　　同黑格尔哲学的分离在这里也是由于返回到唯物主义观点而发生的。这就是说,人们决心在理解现实世界(自然界和历史)时按照它本身在每一个不以先入为主的唯心主义怪想来对待它的人面前所呈现的那样来理解;他们决心毫不怜惜地抛弃一切同事实(从事实本身的联系而不是从幻想的联系来把握的事实)不相符合的唯心主义怪想。除此以外,唯物主义并没有别的意义。不过在这里第一次对唯物主义世界观采取了真正严肃的态度,把这个世界观彻底地(至少在主要方面)运用到所研究的一切知识领域里去了。

　　黑格尔不是简单地被放在一边,恰恰相反,上面所阐述的他的革命方面即辩证方法被接过来了。但是这种方法在黑格尔的形式中是无用的。在黑格尔那里,辩证法是概念的自我发展。绝对概念不仅是从来就存在的(不知在哪里?),而且是整个现存世界的真正的活的灵魂。它通过在《逻辑学》中详细探讨过的并且完全包含在它自身中的一切预备阶段而向自身发展;然后它使自己

---

① 恩格斯在这里加了一个注:"请允许我在这里作一点个人的说明。近来人们不止一次地提到我参加了制定这一理论的工作,因此,我在这里不得不说几句话,把这个问题澄清。我不能否认,我和马克思共同工作40年,在这以前和这期间,我在一定程度上独立地参加了这一理论的创立,特别是对这一理论的阐发。但是,绝大部分基本指导思想(特别是在经济和历史领域内),尤其是对这些指导思想的最后的明确的表述,都是属于马克思的。我所提供的,马克思没有我也能够做到,至多有几个专门的领域除外。至于马克思所做到的,我却做不到。马克思比我们大家都站得高些,看得远些,观察得多些和快些。马克思是天才,我们至多是能手。没有马克思,我们的理论远不会是现在这个样子。所以,这个理论用他的名字命名是理所当然的。"——编者注

"外化",转化为自然界,它在自然界中并没有意识到它自己,而是采取自然必然性的形式,经过新的发展,最后在人身上重新达到自我意识;这个自我意识,在历史中又从粗糙的形式中挣脱出来,直到绝对概念终于在黑格尔哲学中又完全地达到自身为止。因此,在自然界和历史中所显露出来的辩证的发展,即经过一切迂回曲折和暂时退步而由低级到高级的前进运动的因果联系,在黑格尔那里,只是概念的自己运动的翻版,而这种概念的自己运动是从来就有的(不知在什么地方),但无论如何是不依任何能思维的人脑为转移的。这种意识形态上的颠倒是应该消除的。我们重新唯物地把我们头脑中的概念看做现实事物的反映,而不是把现实事物看做绝对概念的某一阶段的反映。这样,辩证法就归结为关于外部世界和人类思维的运动的一般规律的科学,这两个系列的规律在本质上是同一的,但是在表现上是不同的,这是因为人的头脑可以自觉地应用这些规律,而在自然界中这些规律是不自觉地、以外部必然性的形式、在无穷无尽的表面的偶然性中实现的,而且到现在为止在人类历史上多半也是如此。这样,概念的辩证法本身就变成只是现实世界的辩证运动的自觉的反映,从而黑格尔的辩证法就被倒转过来了,或者宁可说,不是用头立地而是重新用脚立地了。而且值得注意的是,不仅我们发现了这个多年来已成为我们最好的工具和最锐利的武器的唯物主义辩证法,而且德国工人约瑟夫·狄慈根不依靠我们,甚至不依靠黑格尔也发现了它。①

    而这样一来,黑格尔哲学的革命方面就恢复了,同时也摆脱了

---

① 恩格斯在这里加了一个注:"见《人脑活动的实质。一个手艺人的描述》汉堡迈斯纳出版社版。**23**"——编者注

那些曾经在黑格尔那里阻碍它贯彻到底的唯心主义装饰。一个伟大的基本思想，即认为世界不是既成**事物**的集合体，而是**过程**的集合体，其中各个似乎稳定的事物同它们在我们头脑中的思想映象即概念一样都处在生成和灭亡的不断变化中，在这种变化中，尽管有种种表面的偶然性，尽管有种种暂时的倒退，前进的发展终究会实现——这个伟大的基本思想，特别是从黑格尔以来，已经成了一般人的意识，以致它在这种一般形式中未必会遭到反对了。但是，口头上承认这个思想是一回事，实际上把这个思想分别运用于每一个研究领域，又是一回事。如果人们在研究工作中始终从这个观点出发，那么关于最终解决和永恒真理的要求就永远不会提出了；人们就始终会意识到他们所获得的一切知识必然具有的局限性，意识到他们在获得知识时所处的环境对这些知识的制约性；人们对于还在不断流行的旧形而上学所不能克服的对立，即真理和谬误、善和恶、同一和差别、必然和偶然之间的对立也不再敬畏了；人们知道，这些对立只有相对的意义，今天被认为是合乎真理的认识都有它隐蔽着的、以后会显露出来的错误的方面，同样，今天已经被认为是错误的认识也有它合乎真理的方面，因而它从前才能被认为是合乎真理的；被断定为必然的东西，是由纯粹的偶然性构成的，而所谓偶然的东西，是一种有必然性隐藏在里面的形式，如此等等。

旧的研究方法和思维方法，黑格尔称之为"形而上学的"方法，主要是把**事物**当做一成不变的东西去研究，它的残余还牢牢地盘踞在人们的头脑中，这种方法在当时是有重大的历史根据的。必须先研究事物，尔后才能研究过程。必须先知道一个事物是什么，尔后才能觉察这个事物中所发生的变化。自然科学中的情形正是这样。认为事物是既成的东西的旧形而上学,是从那种把非生物和生物当做既成事物来研究的自然科学中产生的。而当这种研究已经进展到可以向前迈出决定性的一步,即可以过渡到系统地研究这些事物在自然界本身中所发生的变化的时候,在哲学领域内也就响起了旧形而上学的丧钟。事实上,直到上一世纪末,自然科学主要是**搜集材料的**科学,关于既成事物的科学,但是在本世纪,自然科学本质上是**整理材料的**科学,是关于过程、关于这些事物的发生和发展以及关于联系——把这些自然过程结合为一个大的整体——的科学。研究植物机体和动物机体中的过程的生理学,研究单个机体从胚胎到成熟的发育过程的胚胎学,研究地壳逐渐形成过程的地质学,所有这些科学都是我们这个世纪的产儿。

但是,首先是三大发现使我们对自然过程的相互联系的认识大踏步地前进了:第一是发现了细胞,发现细胞是这样一种单位,整个植物体和动物体都是从它的繁殖和分化中发育起来的。这一发现,不仅使我们知道一切高等有机体都是按照一个共同规律发育和生长的,而且使我们通过细胞的变异能力看出有机体能改变自己的物种从而能完成比个体发育更高的发育的道路。——第二是能量转化,它向我们表明了一切首先在无机界中起作用的所谓力,即机械力及其补充,所谓位能、热、辐射(光或辐射热)、电、磁、化学能,都是普遍运动的各种表现形式,这些运动形式按照一定的度量关系由一种转变为另一种,因此,当一种形式的量消失时,就有另一种形式的一定的量代之出现,因此,自然界中的一切运动都可以归结为一种形式向另一种形式不断转化的过程。——最后,达尔文第一次从联系中证明,今天存在于我们周围的有机自然物,包括人在内,都是少数原始单细胞胚胎的长期发育过程的产物,而这些胚胎又是由那些通过化学途径产生的原生质或蛋白质形成的。

由于这三大发现和自然科学的其他巨大进步,我们现在不仅能够说明自然界中各个领域内的过程之间的联系,而且总的说来也能说明各个领域之间的联系了,这样,我们就能够依靠经验自然科学本身所提供的事实,以近乎系统的形式描绘出一幅自然界联系的清晰图画。描绘这样一幅总的图画,在以前是所谓自然哲学的任务。而自然哲学只能这样来描绘:用观念的、幻想的联系来代替尚未知道的现实的联系,用想象来补充缺少的事实,用纯粹的臆想来填补现实的空白。它在这样做的时候提出了一些天才的思想,预测到一些后来的发现,但是也发表了十分荒唐的见解,这在当时是不可能不这样的。今天,当人们对自然研究的结果只要辩证地即从它们自身的联系进行考察,就可以制成一个在我们这个时代是令人满意的"自然体系"①的时候,当这种联系的辩证性质,甚至违背自然科学家的意志,使他们受过形而上学训练的头脑不得不承认的时候,自然哲学就最终被排除了。任何使它复活的企图不仅是多余的,而且**是倒退**。

这样,自然界也被承认为历史发展过程了。而适用于自然界的,同样适用于社会历史的一切部门和研究人类的(和神的)事物的一切科学。在这里,历史哲学、法哲学、宗教哲学等等也都是以哲学家头脑中臆造的联系来代替应当在事变中去证实的现实的联系,把全部历史及其各个部分都看做观念的逐渐实现,而且当然始

---

① 指保·霍尔巴赫 1770 年用笔名米拉博在伦敦出版的《自然体系,或物质世界和精神世界的规律》。——编者注

终只是哲学家本人所喜爱的那些观念的逐渐实现。这样看来,历史是不自觉地,但必然是为了实现某种预定的理想目的而努力,例如在黑格尔那里,是为了实现他的绝对观念而努力,而力求达到这个绝对观念的坚定不移的意向就构成了历史事变中的内在联系。这样,人们就用一种新的——不自觉的或逐渐自觉的——神秘的天意来代替现实的、尚未知道的联系。因此,在这里也完全像在自然领域里一样,应该通过发现现实的联系来清除这种臆造的人为的联系;这一任务,归根到底,就是要发现那些作为支配规律在人类社会的历史上起作用的一般运动规律。

但是,社会发展史却有一点是和自然发展史根本不相同的。在自然界中(如果我们把人对自然界的反作用撇开不谈)全是没有意识的、盲目的动力,这些动力彼此发生作用,而一般规律就表现在这些动力的相互作用中。在所发生的任何事情中,无论在外表上看得出的无数表面的偶然性中,或者在可以证实这些偶然性内部的规律性的最终结果中,都没有任何事情是作为预期的自觉的目的发生的。相反,在社会历史领域内进行活动的,是具有意识的、经过思虑或凭激情行动的、追求某种目的的人;任何事情的发生都不是没有自觉的意图,没有预期的目的的。但是,不管这个差别对历史研究,尤其是对各个时代和各个事变的历史研究如何重要,它丝毫不能改变这样一个事实:历史进程是受内在的一般规律支配的。因为在这一领域内,尽管各个人都有自觉预期的目的,总的说来在表面上好像也是偶然性在支配着。人们所预期的东西很少如愿以偿,许多预期的目的在大多数场合都互相干扰,彼此冲突,或者是这些目的本身一开始就是实现不了的,或者是缺乏实现的手段的。这样,无数的单个愿望和单个行动的冲突,在历史领域内造成了一种同没有意识的自然界中占统治地位的状况完全相似的状况。行动的目的是预期的,但是行动实际产生的结果并不是预期的,或者这种结果起初似乎还和预期的目的相符合,而到了最后却完全不是预期的结果。这样,历史事件似乎总的说来同样是由偶然性支配着的。但是,在表面上是偶然性在起作用的地方,这种偶然性始终是受内部的隐蔽着的规律支配的,而问题只是在于发现这些规律。

无论历史的结局如何,人们总是通过每一个人追求他自己的、自觉预期的目的来创造他们的历史,而这许多按不同方向活动的愿望及其对外部世界的各种各样作用的合力,就是历史。因此,问题也在于,这许多单个的人所预期的是什么。愿望是由激情或思虑来决定的。而直接决定激情或思虑的杠杆是各式各样的。有的可能是外界的事物,有的可能是精神方面的动机,如功名心、"对真理和正义的热忱"、个人的憎恶,或者甚至是各种纯粹个人的怪想。但是,一方面,我们已经看到,在历史上活动的许多单个愿望在大多数场合下所得到的完全不是预期的结果,往往是恰恰相反的结果,因而它们的动机对全部结果来说同样地只有从属的意义。另一方面,又产生了一个新的问题:在这些动机背后隐藏着的又是什么样的动力?在行动者的头脑中以这些动机的形式出现的历史原因又是什么?

旧唯物主义从来没有给自己提出过这样的问题。因此,它的历史观——如果它有某种历史观的话——本质上也是实用主义的,它按照行动的动机来判断一切,把历史人物分为君子和小人,并且照例认为君子是受骗者,而小人是得胜者。旧唯物主义由此得出的结论是,在历史的研究中不能得到很多有教益的东西;而我们由此得出的结论是,旧唯物主义在历史领域内自己背叛了自己,因为它认为在历史领域中起作用的精神的动力是最终原因,而不去研究隐藏在这些动力后面的是什么,这些动力的动力是什么。不彻底的地方并不在于承认**精神的**动力,而在于不从这些动力进一步追溯到它的动因。相反,历史哲学,特别是黑格尔所代表的历史哲学,认为历史人物的表面动机和真实动机都决不是历史事变的最终原因,认为这些动机后面还有应当加以探究的别的动力;但是它不在历史本身中寻找这种动力,反而从外面,从哲学的意识形态把这种动力输入历史。例如黑格尔,他不从古希腊历史本身的内在联系去说明古希腊的历史,而只是简单地断言,古希腊的历史无非是"美好的个性形式"的制定,是"艺术作品"本身的实现。①在这里,黑格尔关于古希腊人作了许多精彩而深刻的论述,但是这并不妨碍我们今天对那些纯属空谈的说明表示不满。

因此,如果要去探究那些隐藏在——自觉地或不自觉地,而且往往是不自觉地——历史人物的动机背后并且构成历史的真正的最后动力的动力,那么问题涉及的,与其说是个别人物,即使是非常杰出的人物的动机,不如说是使广大群众、使整个整个的民族,并且在每一民族中间又是使整个整个阶级行动起来的动机;而且也不是短暂的爆发和转瞬即逝的火光,而是持久的、引起重大历史变迁的行动。探讨那些作为自觉的动机明显地或不明显地,直接地或以意识形态的形式,甚至以被神圣化的形式反映在行动着的群众及其领袖即所谓伟大人物的头脑中的动因——这是能够引导我们去探索那些在整个历史中以及个别时期和个别国家的历史中

———————
① 参看黑格尔《历史哲学讲演录》第2部第2篇。——编者注

起支配作用的规律的唯一途径。使人们行动起来的一切,都必然要经过他们的头脑;但是这一切在人们的头脑中采取什么形式,这在很大程度上是由各种情况决定的。现在工人不再像 1848 年在莱茵地区那样简单地捣毁机器,但是,这决不是说,他们已经容忍按照资本主义方式应用机器。

但是,在以前的各个时期,对历史的这些动因的探究几乎是不可能的,因为它们和自己的结果的联系是混乱而隐蔽的,在我们今天这个时期,这种联系已经简化了,以致人们有可能揭开这个谜了。从采用大工业以来,就是说,至少从 1815 年签订欧洲和约[24]以来,在英国,谁都知道,土地贵族(landed aristocracy)和资产阶级(middle class)这两个阶级争夺统治的要求,是英国全部政治斗争的中心。在法国,随着波旁王室的返国[25],同样的事实也被人们意识到了;复辟时期的历史编纂学家,从梯叶里到基佐、米涅和梯也尔,总是指出这一事实是理解中世纪以来法国历史的钥匙。而从 1830 年起,在这两个国家里,工人阶级即无产阶级,已被承认是为争夺统治而斗争的第三个战士。当时关系已经非常简化,只有故意闭起眼睛的人才看不见,这三大阶级的斗争和它们的利益冲突是现代历史的动力,至少是这两个最先进国家的现代历史的动力。

但是,这些阶级是怎样产生的呢?初看起来,那种从前是封建的大土地占有制的起源,还可以(至少首先可以)归于政治原因,归于暴力掠夺,但是对于资产阶级和无产阶级,这就说不通了。在这里,显而易见,这两大阶级的起源和发展是由于纯粹经济的原因。而同样明显的是,土地占有制和资产阶级之间的斗争,正如资产阶级和无产阶级之间的斗争一样,首先是为了经济利益而进行的,政治权力不过是用来实现经济利益的手段。资产阶级和无产阶级这两个阶级是由于经济关系发生变化,确切些说,是由于生产方式发生变化而产生的。最初是从行会手工业到工场手工业的过渡,随后又是从工场手工业到使用蒸汽和机器的大工业的过渡,使这两个阶级发展起来了。在一定阶段上,资产阶级推动的新的生产力——首先是分工和许多局部工人在一个综合性手工工场里的联合——以及通过生产力发展起来的交换条件和交换需要,同现存的、历史上继承下来的而且被法律神圣化的生产秩序不相容了,就是说,同封建社会制度的行会特权以及许多其他的个人特权和地方特权(这些特权对于非特权等级来说都是桎梏)不相容了。资产阶级所代表的生产力起来反抗封建土地占有者和行会师傅所代表的生产秩序了;结局是大家都知道的:封建桎梏被打碎了,在英国是逐渐打碎的,在法国是一下子打碎的,在德国还没有完全打碎。但是,正像工场手工业在一定发展阶段上曾经同封建的生产秩序发生冲突一样,大工业现在已经同代替封建生产秩序的资产阶级生产秩序相冲突了。被这种秩序、被资本主义生产方式的狭隘范围所束缚的大工业,一方面使全体广大人民群众越来越无产阶级化,另一方面生产出越来越多的没有销路的产品。生产过剩和大众的贫困,两者互为因果,这就是大工业所陷入的荒谬的矛盾,这个矛盾必然要求通过改变生产方式来使生产力摆脱桎梏。

因此,在现代历史中至少已经证明,一切政治斗争都是阶级斗争,而一切争取解放的阶级斗争,尽管它必然地具有政治的形式(因为一切阶级斗争都是政治斗争),归根到底都是围绕着**经济**解放进行的。因此,至少在这里,国家、政治制度是从属的东西,而市民社会[14]、经济关系的领域是决定性的因素。从传统的观点看来(这种观点也是黑格尔所尊崇的),国家是决定的因素,市民社会是被国家决定的因素。表面现象是同这种看法相符合的。就单个人来说,他的行动的一切动力,都一定要通过他的头脑,一定要转变为他的意志的动机,才能使他行动起来,同样,市民社会的一切要求(不管当时是哪一个阶级统治着),也一定要通过国家的意志,才能以法律形式取得普遍效力。这是问题的形式方面,这方面是不言而喻的;不过要问一下,这个仅仅是形式上的意志(不论是单个人的或国家的)有什么内容呢? 这一内容是从哪里来的呢? 为什么人们所期望的正是这个而不是别的呢? 在寻求这个问题的答案时,我们就发现,在现代历史中,国家的意志总的说来是由市民社会的不断变化的需要,是由某个阶级的优势地位,归根到底,是由生产力和交换关系的发展决定的。

但是,既然甚至在拥有巨量生产资料和交往手段的现代,国家都不是一个具有独立发展的独立领域,而它的存在和发展归根到底都应该从社会的经济生活条件中得到解释,那么,以前的一切时代就必然更是这样了,那时人们物质生活的生产还没有使用这样丰富的辅助手段来进行,因而这种生产的必要性必不可免地在更大程度上支配着人们。既然在今天这个大工业和铁路的时代,国家总的说来还只是以集中的形式反映了支配着生产的阶级的经济需要,那么,在以前的时代,国家就必然更加是这样了,那时每一代人都要比我们今天更多得多地耗费一生中的时间来满足自己的物质需要,因而要比我们今天更多地依赖于这种物质需要。对从前各个时代的历史的研究,只要在这方面是认真进行的,都会最充分地证实这一点;但是,在这里当然不能进行这种研究了。

如果说国家和公法是由经济关系决定的,那么不言而喻,私法也是这样,因为私法本质上只是确认单个人之间的现存的、在一定情况下是正常的经济关系。但是,这种确认所采取的形式可以是很不相同的。人们可以把旧的封建的法的形式大部分保存下来,并且赋予这种形式以资产阶级的内容,甚至直接给封建的名称加上资产阶级的含义,就像在英国与民族的全部发展相一致而发生的那样;但是人们也可以像在西欧大陆上那样,把商品生产者社会的第一个世界性法律即罗马法以及它对简单商品占有者的一切本质的法的关系(如买主和卖主、债权人和债务人、契约、债务等等)所作的无比明确的规定作为基础。这样做时,为了仍然是小资产阶级的和半封建的社会的利益,人们可以或者是简单地通过审判的实践降低罗马法,使它适合于这个社会的状况(普通法),或者是依靠所谓开明的进行道德说教的法学家的帮助把它加工成一种适应于这种社会状况的特殊法典,这种法典,在这种情况下即使从法学观点看来也是不好的(普鲁士邦法[26]);但是这样做时,人们也可以在资产阶级大革命以后,以同一个罗马法为基础,制定出像法兰西民法典[27]这样典型的资产阶级社会的法典。因此,如果说民法准则只是以法的形式表现了社会的经济生活条件,那么这种准则就可以依情况的不同而把这些条件有时表现得好,有时表现得坏。

国家作为第一个支配人的意识形态力量出现在我们面前。社会创立一个机关来保护自己的共同利益,免遭内部和外部的侵犯。这种机关就是国家政权。它刚一产生,对社会来说就是独立的,而且它越是成为某个阶级的机关,越是直接地实现这一阶级的统治,它就越独立。被压迫阶级反对统治阶级的斗争必然要变成政治的斗争,变成首先是反对这一阶级的政治统治的斗争;对这一政治斗争同它的经济基础的联系的认识,就日益模糊起来,并且会完全消失。即使在斗争参加者那里情况不完全是这样,但是在历史编纂学家那里差不多总是这样的。在关于罗马共和国内部斗争的古代史料中,只有阿庇安一人清楚而明确地告诉我们,这一斗争归根到底是为什么进行的,即为土地所有权进行的。

但是,国家一旦成了对社会来说是独立的力量,马上就产生了另外的意识形态。这就是说,在职业政治家那里,在公法理论家和私法法学家那里,同经济事实的联系就完全消失了。因为经济事实要以法律的形式获得确认,必须在每一个别场合都采取法律动机的形式,而且,因为在这里,不言而喻地要考虑到现行的整个法的体系,所以,现在法律形式就是一切,而经济内容则什么也不是。公法和私法被看做两个独立的领域,它们各有自己的独立的历史发展,它们本身都可以系统地加以说明,并需要通过彻底根除一切内部矛盾来作出这种说明。

更高的即更远离物质经济基础的意识形态,采取了哲学和宗教的形式。在这里,观念同自己的物质存在条件的联系,越来越错综复杂,越来越被一些中间环节弄模糊了。但是这一联系是存在着的。从15世纪中叶起的整个文艺复兴时期,本质上是城市的从而是市民阶级的产物,同样,从那时起重新觉醒的哲学也是如此。哲学的内容本质上仅仅是那些和中小市民阶级发展为大资产阶级的过程相适应的思想的哲学表现。在上一世纪的那些往往既是哲学家又是政治经济学家的英国人和法国人那里,这种情形是表现得很明显的,而在黑格尔学派那里,这一情况我们在上面已经说明了。

现在我们再简略地谈谈宗教,因为宗教离开物质生活最远,而且好像同物质生活最不相干。宗教是在最原始的时代从人们关于他们自身的自然和周围的外部自然的错误的、最原始的观念中产生的。但是,任何意识形态一经产生,就同现有的观念材料相结合而发展起来,并对这些材料作进一步的加工;不然,它就不是意识形态了,就是说,它就不是把思想当做独立地发展的、仅仅服从自身规律的独立存在的东西来对待了。人们头脑中发生的这一思想过程,归根到底是由人们的物质生活条件决定的,这一事实,对这些人来说必然是没有意识到的,否则,全部意识形态就完结了。因此,大部分是每个有亲属关系的民族集团所共有的这些原始的宗教观念,在这些集团分裂以后,便在每个民族那里依各自遇到的生活条件而独特地发展起来,而这一过程对一系列民族集团来说,特别是对雅利安人(所谓印欧人)来说,已由比较神话学详细地证实了。这样在每一个民族中形成的神,都是民族的神,这些神的王国不越出它们所守护的民族领域,在这个界线以外,就无可争辩地由别的神统治了。只要这些民族存在,这些神也就继续活在人们的观念中;这些民族没落了,这些神也就随着灭亡。罗马世界帝国使得古老的民族没落了(关于罗马世界帝国产生的经济条件,我们没有必要在这里加以研究),古老的民族的神就灭亡了,甚至罗马的那些仅仅适合于罗马城这个狭小圈子的神也灭亡了;罗马曾企图除本地的神以外还承认和供奉一切多少受崇敬的异族的神,这就清楚地表明了有以一种世界宗教来充实世界帝国的需要。但是一种新的世界宗教是不能这样用皇帝的敕令创造出来的。新的世界宗教,即基督教,已经从普遍化了的东方神学,特别是犹太神学同庸俗化了的希腊哲学,特别是斯多亚派哲学[28]的混合中悄悄地产生了。我们必须重新进行艰苦的研究,才能够知道基督教最初是什么样子,因为它那流传到我们今天的官方形式仅仅是尼西亚宗教会议[29]为了使它成为国教而赋予它的那种形式。它在 250 年后已经变成国教这一事实,足以证明它是适应时势的宗教。在中世纪,随着封建制度的发展,基督教成为一种同它相适应的、具有相应的封建等级制的宗教。当市民阶级兴起的时候,新教异端首先在法国南部的阿尔比派[30]中间,在那里的城市最繁荣的时代,同封建的天主教相对抗而发展起来。中世纪把意识形态的其他一切形式——哲学、政治、法学,都合并到神学中,使它们成为神学中的科目。因此,当时任何社会运动和政治运动都不得不采取神学的形式;对于完全由宗教培育起来的群众感情说来,要掀起巨大的风暴,就必须让群众的切身利益披上宗教的外衣出现。市民阶级从最初起就给自己制造了一种由无财产的、不属于任何公认的等级的城市平民、短工和各种仆役所组成的附属品,即后来的无产阶级的前身,同样,宗教异端也早就分成了两派:市民温和派和甚至也为市民异教徒所憎恶的平民革命派。

新教异端的不可根绝是同正在兴起的市民阶级的不可战胜相适应的;当这个市民阶级已经充分强大的时候,他们从前同封建贵族进行的主要是地方性的斗争便开始具有全国性的规模了。第一次大规模的行动发生在德国,这就是所谓的宗教改革[31]。那时市民阶级既不够强大又不够发展,不足以把其他的反叛等级——城市平民、下层贵族和乡村农民——联合在自己的旗帜之下。贵族首先被击败;农民举行了起义,形成了这次整个革命运动的顶点;城市背弃了农民,革命被各邦君主的军队镇压下去了,这些君主攫取了革命的全部果实。从那时起,德国有整整三个世纪从那些能独立地干预历史的国家的行列中消失了。但是除德国人路德外,还出现了法国人加尔文,他以真正法国式的尖锐性突出了宗教改革的资产阶级性质,使教会共和化和民主化。当路德的宗教改革在德国已经蜕化并把德国引向灭亡的时候,加尔文的宗教改革却成了日内瓦、荷兰和苏格兰共和党人的旗帜,使荷兰摆脱了西班牙和德意志帝国的统治,并为英国发生的资产阶级革命的第二幕提供了意识形态的外衣。在这里,加尔文教派[32]显示出它是当时资产阶级利益的真正的宗教外衣,因此,在1689年革命[33]由于一部分贵族同资产阶级间的妥协而结束以后,它也没有得到完全的承认。英国的国教会恢复了,但不是恢复到它以前的形式,即由国王充任教皇的天主教,而是强烈地加尔文教派化了。旧的国教会庆祝欢乐的天主教礼拜日,反对枯燥的加尔文教派礼拜日。新的资产阶级化的国教会,则采用后一种礼拜日,这种礼拜日至今还在装饰着英国。

在法国,1685年加尔文教派中的少数派曾遭到镇压,被迫皈依天主教或者被驱逐出境。[34]但是这有什么用处呢?那时自由思想家皮埃尔·培尔已经在忙于从事活动,而1694年伏尔泰也诞生了。路易十四的暴力措施只是使法国的资产阶级更便于以唯一同已经发展起来的资产阶级相适应的、非宗教的、纯粹政治的形式进行自己的革命。出席国民议会的不是新教徒,而是自由思想家了。由此可见,基督教进入了它的最后阶段。此后,它已不能成为任何进步阶级的意向的意识形态外衣了;它越来越变成统治阶级专有的东西,统治阶级只把它当做使下层阶级就范的统治手段。同时,每个不同的阶级都利用它自己认为适合的宗教:占有土地的容克利用天主教的耶稣会派或新教的正统派,自由的和激进的资产者则利用理性主义,至于这些先生们自己相信还是不相信他们各自的宗教,这是完全无关紧要的。

这样,我们看到,宗教一旦形成,总要包含某些传统的材料,因为在一切意识形态领域内传统都是一种巨大的保守力量。但是,这些材料所发生的变化是由造成这种变化的人们的阶级关系即经济关系引起的。在这里只说这一点就够了。

上面的叙述只能是对马克思的历史观的一个概述,至多还加了一些例证。证明只能由历史本身提供;而在这里我可以说,在其他著作中证明已经提供得很充分了。但是,这种历史观结束了历史领域内的哲学,正如辩证的自然观使一切自然哲学都成为不必要的和不可能的一样。现在无论在哪一个领域,都不再是从头脑中想出联系,而是从事实中发现联系了。这样,对于已经从自然界和历史中被驱逐出去的哲学来说,要是还留下什么的话,那就只留下一个纯粹思想的领域:关于思维过程本身的规律的学说,即逻辑和辩证法。

————

随着1848年革命而来的是,"有教养的"德国抛弃了理论,转入了实践的领域。以手工劳动为基础的小手工业和工场手工业已经为真正的大工业所代替;德国重新出现在世界市场上;新的小德意志帝国³⁵至少排除了由小邦分立、封建残余和官僚制度造成的阻碍这一发展的最显著的弊病。但是,思辨①在多大程度上离开哲学家的书房而在证券交易所筑起自己的殿堂,有教养的德国也就在多大程度上失去了在德国最深沉的政治屈辱时代曾经是德国的光荣的伟大理论兴趣——那种不管所得成果在实践上是否能实现,不管它是否违反警方规定都照样致力于纯粹科学研究的兴趣。

————

① 德文"Spekulation"既有"思辨"的意思,也有"投机"的意思。——编者注

1929—1938 年间在上海出版的
《路德维希·费尔巴哈和德国古典哲学的终结》中译本

诚然,德国的官方自然科学,特别是在专门研究的领域中仍然保持着时代的高度,但是,正如美国《科学》杂志已经公正地指出的,在研究单个事实之间的重大联系方面的决定性进步,即把这些联系概括为规律,现在更多地是出在英国,而不像从前那样出在德国。[36]而在包括哲学在内的历史科学的领域内,那种旧有的在理论上毫无顾忌的精神已随着古典哲学完全消失了;起而代之的是没有头脑的折中主义,是对职位和收入的担忧,直到极其卑劣的向上爬的思想。这种科学的官方代表都变成毫无掩饰的资产阶级的和现存国家的意识形态家,但这已经是在资产阶级和现存国家同工人阶级公开对抗的时代了。

德国人的理论兴趣,只是在工人阶级中还没有衰退,继续存在着。在这里,它是根除不了的。在这里,对职位、牟利,对上司的恩典,没有任何考虑。相反,科学越是毫无顾忌和大公无私,它就越符合工人的利益和愿望。在劳动发展史中找到了理解全部社会史的锁钥的新派别,一开始就主要是面向工人阶级的,并且从工人阶级那里得到了同情,这种同情是它在官方科学那里既没有寻找也没有期望过的。德国的工人运动是德国古典哲学的继承者。

弗·恩格斯写于 1886 年 1 月—2 月初

载于 1886 年《新时代》杂志第 4 年卷第 4、5 期

原文是德文

选自《马克思恩格斯选集》第 3 版第 4 卷第 220—265 页

附　　录

卡·马克思

关于费尔巴哈的提纲

1. 关于费尔巴哈①

一

从前的一切唯物主义（包括费尔巴哈的唯物主义）的主要缺点是：对对象、现实、感性，只是从**客体的**或者**直观**的形式去理解，而不是把它们当做**感性的人的活动**，当做**实践**去理解，不是从主体方面去理解。因此，和唯物主义相反，唯心主义却把**能动的**方面抽象地发展了，当然，唯心主义是不知道现实的、感性的活动本身的。费尔巴哈想要研究跟思想客体确实不同的感性客体，但是他没有把人的活动本身理解为**对象性的**［*gegenständliche*］活动。因此，他在《基督教的本质》②中仅仅把理论的活动看做是真正人的活动，而对于实践则只是从它的卑污的犹太人的表现形式去理解和确定。因此，他不了解"革命的"、"实践批判的"活动的意义。

---

① 马克思1845年的稿本。——编者注
② 路·费尔巴哈《基督教的本质》1841年莱比锡版。——编者注

二

人的思维是否具有客观的[gegenständliche]真理性,这不是一个理论的问题,而是一个**实践的**问题。人应该在实践中证明自己思维的真理性,即自己思维的现实性和力量,自己思维的此岸性。关于思维——离开实践的思维——的现实性或非现实性的争论,是一个纯粹**经院哲学**[7]的问题。

三

关于环境和教育起改变作用的唯物主义学说忘记了:环境是由人来改变的,而教育者本人一定是受教育的。因此,这种学说必然会把社会分成两部分,其中一部分凌驾于社会之上。

环境的改变和人的活动或自我改变的一致,只能被看做是并合理地理解为**革命的实践**。

四

费尔巴哈是从宗教上的自我异化,从世界被二重化为宗教世界和世俗世界这一事实出发的。他做的工作是把宗教世界归结于它的世俗基础。但是,世俗基础使自己从自身中分离出去,并在云霄中固定为一个独立王国,这只能用这个世俗基础的自我分裂和自我矛盾来说明。因此,对于这个世俗基础本身应当在自身中、从它的矛盾中去理解,并且在实践中使之发生革命。因此,例如,自从发现神圣家族的秘密在于世俗家庭之后,世俗家庭本身就应当在理论上和实践中被消灭。

五

费尔巴哈不满意**抽象的思维**而喜欢**直观**;但是他把感性不是看做**实践的**、人的感性的活动。

六

费尔巴哈把宗教的本质归结于**人的**本质。但是,人的本质不是单个人所固有的抽象物,在其现实性上,它是一切社会关系的总和。

费尔巴哈没有对这种现实的本质进行批判,因此他不得不:

(1)撇开历史的进程,把宗教感情固定为独立的东西,并假定有一种抽象的——**孤立的**——人的个体。

(2)因此,本质只能被理解为“类”,理解为一种内在的、无声的、把许多个人**自然地**联系起来的普遍性。

七

因此,费尔巴哈没有看到,“宗教感情”本身是社会的产物,而他所分析的抽象的个人,是属于一定的社会形式的。

八

全部社会生活在本质上是**实践的**。凡是把理论引向神秘主义的神秘东西,都能在人的实践中以及对这种实践的理解中得到合理的解决。

九

直观的唯物主义,即不是把感性理解为实践活动的唯物主义,至多也只能达到对单个人和市民社会[14]的直观。

十

旧唯物主义的立脚点是市民社会,新唯物主义的立脚点则是人类社会或社会的人类。

十一

哲学家们只是用不同的方式**解释**世界,问题在于**改变**世界。

卡·马克思写于 1845 年春　　　　原文是德文

选自《马克思恩格斯选集》第 3 版
第 1 卷第 133—136 页

马克思论费尔巴哈①

一

从前的一切唯物主义——包括费尔巴哈的唯物主义——的主要缺点是：对对象、现实、感性，只是从**客体**的或者**直观**的形式去理解，而不是把它们当做**人的感性活动**，当做**实践**去理解，不是从主体方面去理解。因此，结果竟是这样，和唯物主义相反，唯心主义却把**能动的**方面发展了，但只是抽象地发展了，因为唯心主义当然是不知道现实的、感性的活动本身的。费尔巴哈想要研究跟思想客体确实不同的感性客体，但是他没有把人的活动本身理解为**对象性的**[*gegenständliche*]活动。因此，他在《基督教的本质》中仅仅把理论的活动看做是真正人的活动，而对于实践则只是从它的卑污的犹太人的表现形式去理解和确定。因此，他不了解"革命的"、"实践批判的"活动的意义。

二

人的思维是否具有客观的[*gegenständliche*]真理性，这不是一个理论的问题，而是一个**实践的**问题。人应该在实践中证明自己思维的真理性，即自己思维的现实性和力量，自己思维的此岸性。

---

① 恩格斯 1888 年发表的稿本。——编者注

关于离开实践的思维的现实性或非现实性的争论,是一个纯粹**经院哲学[7]**的问题。

三

有一种唯物主义学说,认为人是环境和教育的产物,因而认为改变了的人是另一种环境和改变了的教育的产物,——这种学说忘记了:环境正是由人来改变的,而教育者本人一定是受教育的。因此,这种学说必然会把社会分成两部分,其中一部分凌驾于社会之上。(例如,在罗伯特·欧文那里就是如此。)

环境的改变和人的活动的一致,只能被看做是并合理地理解为**变革的实践**。

四

费尔巴哈是从宗教上的自我异化,从世界被二重化为宗教的、想象的世界和现实的世界这一事实出发的。他做的工作是把宗教世界归结于它的世俗基础。他没有注意到,在做完这一工作之后,主要的事情还没有做。因为,世俗基础使自己从自身中分离出去,并在云霄中固定为一个独立王国,这一事实,只能用这个世俗基础的自我分裂和自我矛盾来说明。因此,对于这个世俗基础本身首先应当从它的矛盾中去理解,然后用消除矛盾的方法在实践中使之发生革命。因此,例如,自从发现神圣家族的秘密在于世俗家庭之后,对于世俗家庭本身就应当从理论上进行批判,并在实践中加以变革。

五

费尔巴哈不满意**抽象的思维**而诉诸**感性的直观**；但是他把感性不是看做**实践的**、人的感性的活动。

六

费尔巴哈把宗教的本质归结于**人的**本质。但是，人的本质不是单个人所固有的抽象物，在其现实性上，它是一切社会关系的总和。

费尔巴哈没有对这种现实的本质进行批判，因此他不得不：

（1）撇开历史的进程，把宗教感情固定为独立的东西，并假定有一种抽象的——**孤立的**——人的个体；

（2）因此，他只能把人的本质理解为"类"，理解为一种内在的、无声的、把许多个人纯粹**自然地**联系起来的普遍性。

七

因此，费尔巴哈没有看到，"宗教感情"本身是**社会的产物**，而他所分析的抽象的个人，实际上是属于一定的社会形式的。

八

社会生活在本质上是**实践的**。凡是把理论诱入神秘主义的神秘东西,都能在人的实践中以及对这种实践的理解中得到合理的解决。

<h1 style="text-align:center">九</h1>

直观的唯物主义,即不是把感性理解为实践活动的唯物主义,至多也只能做到对"市民社会"[14]中的单个人的直观。

<h1 style="text-align:center">十</h1>

旧唯物主义的立脚点是"**市民**"社会;新唯物主义的立脚点则是**人类**社会或社会化的人类。

<h1 style="text-align:center">十一</h1>

哲学家们只是用不同的方式**解释**世界,而问题在于**改变**世界。

卡・马克思写于 1845 年春   原文是德文

第一次作为附录发表于《路德维希・费尔巴哈和德国古典哲学的终结》1888 年版单行本   选自《马克思恩格斯选集》第 3 版第 1 卷第 137—140 页

注　　释

1 《新时代。精神生活和社会生活评论》(Die Neue Zeit. Revue des geistigen und öffentlichen Lebens)是德国社会民主党的理论杂志;1883—1890 年 10 月在斯图加特出版,每月一期,以后至 1923 年秋每周一期;1883—1917 年 10 月由卡·考茨基担任编辑,1917 年 10 月—1923 年秋由亨·库诺担任编辑。从 19 世纪 90 年代初起,弗·梅林为该杂志撰稿;1885—1894 年恩格斯在杂志上发表了许多文章,经常提出批评、告诫,帮助杂志编辑部端正办刊方向。——4。

2 巴士底狱是 14—18 世纪巴黎的城堡和国家监狱。从 16 世纪起,主要用来囚禁政治犯。——6。

3 指海涅在其著作《论德国宗教和哲学的历史》中关于德国哲学革命的言论。这部著作发表于 1833—1834 年,是对德国精神生活中所发生事件的评论。海涅的评论贯穿了这样的思想:当时由黑格尔哲学总其成的德国哲学革命,是德国即将到来的民主革命的序幕。——7。

4 《德国年鉴》(Deutsche Jahrbücher)是青年黑格尔派刊物《德国科学和艺术哈雷年鉴》(Hallische Jahrbücher für deutsche Wissenschaft und Kunst)的简称,又简称《哈雷年鉴》(Hallische Jahrbücher),1838 年 1 月—1841 年 6 月以日报形式在莱比锡出版,由阿·卢格和泰·埃希特迈尔负责编辑;因在普鲁士受到禁止刊行的威胁,编辑部从哈雷迁到萨克森的德累斯顿,并更名为《德国科学和艺术年鉴》(Dcutsche Jahrbücher für Wissenschaft und Kunst),从 1841 年 7 月起由阿·卢格负责编辑,继续出版;起初为文学哲学杂志,从 1839 年底起逐步成为政治评论性刊物,

1838—1841 年还出版《哈雷年鉴附刊》(Intelligenzblatt zu den Hallischen Jahrbüchern)，主要刊登新书广告；1843 年 1 月 3 日被萨克森政府查封，并经联邦议会决定在全国查禁。——13。

5　指《莱茵政治、商业和工业日报》(Rheinische Zeitung für Politik，Handel und Gewerbe)。该报是德国的一家日报，青年黑格尔派的喉舌，1842 年 1 月 1 日—1843 年 3 月 31 日在莱茵地区资产阶级自由派的支持下在科隆出版；创办人是伯·腊韦，编辑是伯·腊韦和阿·鲁滕堡，发行负责人是路·舒尔茨和格·荣克。1842 年 4 月马克思开始为该报撰稿，同年 10 月成为报纸编辑。《莱茵报》也发表过恩格斯的许多文章。在马克思担任编辑期间，该报日益具有明显的革命民主主义性质并成为德国最重要的反对派报纸之一。普鲁士政府对该报进行了特别严格的检查，1843 年 4 月 1 日将其查封。——13。

6　"真正的社会主义"是从 1844 年起在德国知识分子中间传播的一种小资产阶级社会主义学说，其代表人物有卡·格律恩、莫·赫斯和海·克利盖等人。"真正的社会主义者"宣扬超阶级的爱、抽象的人性和改良主义思想，拒绝进行政治活动和争取民主的斗争，否认进行资产阶级民主革命的必要性。在 19 世纪 40 年代的德国，这种学说成了不断发展的工人运动的障碍，不利于团结民主力量进行反对专制制度和封建秩序的斗争，不利于在革命斗争的基础上形成独立的无产阶级运动。马克思和恩格斯在 1845—1848 年的许多著作中对"真正的社会主义"进行了不懈的批判，如《德意志意识形态》(见《马克思恩格斯文集》第 1 卷)、《反克利盖的通告》(见《马克思恩格斯全集》中文第 1 版第 4 卷)、《诗歌和散文中的德国社会主义》(同上)、《"真正的社会主义者"》(见《马克思恩格斯全集》中文第 1 版第 3 卷)和《共产党宣言》(见《马克思恩格斯选集》第 3 版第 1 卷)。——15。

7　经院哲学也称烦琐哲学，是欧洲中世纪基督教学院中形成的一种哲学。经院哲学家们通过烦琐的抽象推理的方法来解释基督教教义和信条，实际上把哲学当做"神学的婢女"。——18、60、64。

8　这段引文在卡·施达克《路德维希·费尔巴哈》1885 年斯图加特版第

166 页上引用过。引文摘自路·费尔巴哈的著作《箴言》,见卡·格律恩《路德维希·费尔巴哈的书简、遗稿及其哲学特征的阐述》1874 年莱比锡—海德堡版第 2 卷第 308 页。——21。

9　燃素说是格·施塔尔于 1700 年创立的,在 18 世纪的化学中曾一度占统治地位。根据这一学说,燃烧的过程决定于可燃物体中有一种特殊的物质——燃素,它在燃烧时从可燃物体中逸出。但是,由于人们知道,金属在空气中燃烧时重量增加了,于是主张燃素说的人断言燃素具有一种在物理学上无法解释的负重量。法国化学家安·拉瓦锡证明了这种理论是毫无根据的,他把燃烧过程正确地解释为燃烧着的物质与氧化合的反应。关于燃素说曾经起过的积极作用,恩格斯曾在《〈反杜林论〉旧序》的结尾部分谈到(见《马克思恩格斯选集》第 3 版第 3 卷第 879—880 页),并在《资本论》第二卷的序言中作了详细的论述(见《马克思恩格斯选集》第 3 版第 2 卷第 301—302 页)。——22。

10　自然神论是一种推崇理性原则,把上帝解释为非人格的始因的宗教哲学理论,曾是资产阶级反对封建制度和正统宗教的一种理论武器,也是无神论在当时的一种隐蔽形式。这种理论反对蒙昧主义和神秘主义,认为上帝不过是"世界理性"或"有智慧的意志",上帝在创世之后就不再干预世界事务,而让世界按它本身的规律存在和发展下去。在封建教会世界观统治的条件下,自然神论者往往站在理性主义的立场上批判中世纪的神学世界观,揭露僧侣们的寄生生活和招摇撞骗的行为。——26。

11　这段引文在卡·施达克《路德维希·费尔巴哈》1885 年斯图加特版第 168 页上引用过。引文摘自路·费尔巴哈的著作《哲学原理。改造的必要性》,见卡·格律恩《路德维希·费尔巴哈的书简、遗稿及其哲学特征的阐述》1874 年莱比锡—海德堡版第 1 卷第 407 页。——28。

12　路易·勃朗派改良主义者是聚集在法国《改革报》周围的一个政治集团,包括一些小资产阶级民主共和主义者和小资产阶级社会主义者。其首领是赖德律-洛兰和路易·勃朗等人。他们主张建立共和国并实行民主改革和社会改革。——29。

13 关于炼金术和宗教之间的联系,海·柯普最先在他的著作《化学史》第 1 卷 1843 年不伦瑞克版第 38—49 页作了说明。马·拜特洛在化学史方面的主要著作是他的《炼金术的起源》1885 年巴黎版。

　　哲人之石指古代炼金术士幻想通过炼制得到的一种怪诞的物质,据说能把普通金属变成金银,医治百病,返老还童。——29。

14 市民社会(bürgerliche Gesellschaft)这一术语出自黑格尔《法哲学原理》第 182 节(见《黑格尔全集》1833 年柏林版第 8 卷)。在马克思的早期著作中,这一术语有两重含义。广义地说,是指社会发展各历史时期的经济制度,即决定政治制度和意识形态的物质关系总和;狭义地说,是指资产阶级社会的物质关系。因此,应按照上下文作不同的理解。——31、47、62、66。

15 这段引文在卡·施达克《路德维希·费尔巴哈》1885 年斯图加特版第 119 页上引用过。引文摘自路·费尔巴哈的著作《驳躯体和灵魂、肉体和精神的二元论》,见《费尔巴哈全集》1846 年莱比锡版第 2 卷第 363 页。——32、33。

16 这段引文在卡·施达克《路德维希·费尔巴哈》1885 年斯图加特版第 254 页上引用过。引文摘自路·费尔巴哈的著作《道德哲学》,见卡·格律恩《路德维希·费尔巴哈的书简、遗稿及其哲学特征的阐述》1874 年莱比锡—海德堡版第 2 卷第 285—286 页。——32、34。

17 这段引文在卡·施达克《路德维希·费尔巴哈》1885 年斯图加特版第 280 页上引用过。引文摘自路·费尔巴哈的著作《哲学原理。改造的必要性》,见卡·格律恩《路德维希·费尔巴哈的书简、遗稿及其哲学特征的阐述》1874 年莱比锡—海德堡版第 1 卷第 409 页。——32。

18 见卡·施达克《路德维希·费尔巴哈》1885 年斯图加特版第 280 页。——32。

19 黑格尔关于恶是历史发展动力的思想见他的著作《法哲学原理,或自然法和国家学纲要》第 18、139 节以及《宗教哲学讲演录》第 3 部第 2 篇第 3 章。后面这本著作的第一版于 1832 年在柏林出版。——32。

20 这段引文在卡·施达克《路德维希·费尔巴哈》1885 年斯图加特版第 114 页上引用过。引文摘自路·费尔巴哈《我的哲学经历的特征描述片断》,见《费尔巴哈全集》1846 年莱比锡版第 2 卷第 411 页。——33。

21 “萨多瓦的教师”是普鲁士军队在 1866 年奥普战争中萨多瓦一役获胜后,德国资产阶级政论文章中的流行用语,其意是将普鲁士军队获胜的原因归功于普鲁士优越的国民教育制度。这一用语源于《外国》杂志的编辑奥·佩舍尔发表在该杂志 1866 年 7 月 17 日第 29 期上的一篇题为《最近的战争历史的教训》的文章。——34。

22 指大·施特劳斯《基督教教理的历史发展及其同现代科学的斗争》1840—1841 年蒂宾根—斯图加特版第 1—2 卷,该书第二部的标题是《基督教教理的物质内容(教义学)》。——37。

23 指约·狄慈根的著作《人脑活动的实质。一个手艺人的描述,纯粹的和实践的理性的再批判》1869 年汉堡版。——39。

24 拿破仑第一战败后,欧洲列强从 1814 年 11 月 1 日起在维也纳正式召开会议,目的是通过解决领土问题和权力问题在欧洲建立一个新的和平秩序。根据 1815 年 6 月 9 日会议的决议,新的政治秩序在势力均衡原则和正统原则的基础上确立起来。——46。

25 1814 年 4 月 3 日拿破仑第一退位后,4 月 6 日法国元老院任命波旁王室的路易十八为新国王,流亡在外的路易十八回到巴黎,波旁王朝复辟。——46。

26 指《普鲁士国家通用邦法》,包括私法、国家法、教会法和刑法,自 1794 年 6 月 1 日起开始生效。由于法国资产阶级革命及其对德国的影响,普鲁士邦法明显地反映出资产阶级改良的萌芽,然而就其实质来说,它仍然是一部封建性质的法律。——49。

27 法兰西民法典指拿破仑统治时期于 1804 年通过并以《拿破仑法典》著称的民法典,即狭义上的拿破仑法典,广义上的拿破仑法典指 1804—1810 年拿破仑第一统治时期通过的五部法典:民法典、民事诉讼法典、商业法典、刑法典和刑事诉讼法典。这些法典曾沿用于拿破仑法国所占领的德国西部和西南部,在莱茵地区于 1815 年归并于普鲁士以后仍然有效。恩格斯在书中称法兰西民法典为"典型的资产阶级社会的法典"。——49。

28 斯多亚派是公元前 4 世纪末产生于古希腊的一个哲学派别,因其创始人芝诺通常在雅典集市的画廊(画廊的希腊文是"στοά")讲学,故称斯多亚派,又称画廊学派。

斯多亚派哲学分为逻辑学、物理学和伦理学,以伦理学为中心,逻辑学和物理学只是为伦理学提供基础。这个学派主要宣扬服从命运并带有浓厚宗教色彩的泛神论思想,其中既有唯物主义倾向,又有唯心主义思想。早期斯多亚派认为,认识来源于对外界事物的感觉,但又承认关于神、善恶、正义等的先天观念。他们把赫拉克利特的火和逻各斯看成一个东西,认为宇宙实体既是物质性的,同时又是创造一切并统治万物的世界理性,也是神、天命和命运,或称自然。人是自然的一部分,也受天命支配,人应该顺应自然的规律而生活,即遵照理性和道德而生活。合乎理性的行为就是德行,只有德行才能使人幸福。人要有德行,成为善人,就必须用理性克制情欲,达到清心寡欲以至无情无欲的境界。中期斯多亚派强调社会责任、道德义务,加强了道德生活中的禁欲主义倾向。晚期斯多亚派宣扬安于命运,服从命运,认为人的一生注定是有罪的、痛苦的,只有忍耐和克制欲望,才能摆脱痛苦和罪恶,得到精神的安宁和幸福。晚期斯多亚派的伦理思想为基督教的兴起准备了思想条件。——51。

29 尼西亚宗教会议是基督教会第一次世界性主教会议。这次会议于 325 年由罗马皇帝君士坦丁一世在小亚细亚的尼西亚城召开,约 300 名主教或代表主教的长老出席。会议针对当时教会存在的"三位一体"派和阿里乌派的信仰分歧,通过了一切基督徒必须遵守"三位一体"的信条(正统基督教教义的基本原则),不承认信条以叛国罪论。会议还制定了教会法规,以加强主教权力,实为加强皇帝权力,因主教由皇帝任免。从此基督教成为罗马帝国国教。——52。

30 阿尔比派是基督教的一个教派,12—13 世纪广泛传播于法国南部和意大利北部的城市,其主要发源地是法国南部阿尔比城。阿尔比派反对天主教的豪华仪式和教阶制度,它以宗教的形式反映了城市商业和手工业居民对封建制度的反抗。法国南部的部分贵族也加入了阿尔比派,他们企图剥夺教会的土地。法国北部的封建主和教皇称该派为南方法兰西的"异教徒"。1209 年教皇英诺森三世曾组织十字军征讨阿尔比派。经过 20 年战争和残酷的镇压,阿尔比派运动终于失败。——52。

31　指 16 世纪德国新教创始人马丁·路德领导的要求摆脱教皇控制、改革封建关系的宗教改革运动。1517 年 10 月 31 日,路德在维滕贝格教堂门前张贴了《九十五条论纲》,抗议教皇滥用特权、派教廷大员以敛财为目的向各地教徒兜售赎罪券,并要求对此展开辩论。随着《九十五条论纲》的传播,德国和欧洲各地掀起了宗教改革运动。关于这一运动的情况,可参看恩格斯《德国农民战争》第二章(《马克思恩格斯文集》第 2 卷第 234 -254 页)。——52。

32　加尔文教派是 16 世纪胡格诺运动中兴起于法国的基督教新教教派,深受加尔文教义的影响。参加这一派的有不同的社会阶层,既有王公贵族,也有农民和手工业者。由于天主教派的暴力行为,1562 年爆发了胡格诺战争,一直延续到 1598 年。结果胡格诺派的前首领纳瓦拉的亨利皈依天主教,成为国王,称亨利四世。该派严格奉行的宗教信条完全符合当时资产阶级的要求。——53。

33　指 1688 年英国政变。这次政变驱逐了斯图亚特王朝的詹姆斯二世,宣布荷兰共和国的执政者奥伦治的威廉三世为英国国王。从 1689 年起,在英国确立了以土地贵族和大资产阶级的妥协为基础的立宪君主制。这次没有人民群众参加的政变被资产阶级史学家称做"光荣革命"。——53。

34　自 17 世纪 20 年代起,对胡格诺教徒(加尔文派新教徒)施加的政治迫害和宗教迫害加剧。1685 年,路易十四取消了亨利四世 1598 年颁布的赋予胡格诺教徒以信教和敬神自由的南特敕令,数十万胡格诺教徒不得不离开法国。——53。

35　小德意志帝国指 1871 年 1 月在普鲁士领导下建立的不包括奥地利在内

的德意志帝国。普鲁士在 1866 年普奥战争中取得胜利以后,于 1867 年成立了以普鲁士为首的北德意志联邦,其成员有 19 个德意志邦和三个自由市。1870 年,北德意志联邦又吸收了德国西南的四个邦(巴登、黑森、巴伐利亚和符腾堡),并于 1871 年成立了德意志帝国。历史上把在普鲁士领导下实现统一的德意志联邦称为“小德意志”。——54。

36　这里的论述见 1883 年 10 月 5 日《科学》第 35 期第 2 卷《科学中的民族特性》第 456 页。

　　《科学》(Science)是 1880 年由纽约新闻记者约翰·迈克尔斯创立的一份周刊,主要刊登最新科学研究成果,1900 年成为美国科学促进会的期刊。——55。

人 名 索 引

A

阿庇安(Appianos[Appian]1 世纪末—2 世纪 70 年代)——古罗马历史学家；
曾任执政官；写有二十四卷本《罗马史》。——50。

埃弗斯,约阿希姆·洛伦茨(Evers, Joachim Lorenz 1758—1807)——德国金
匠、诗人和阿尔托纳(汉堡)的剧院经理。——27。

B

巴枯宁,米哈伊尔·亚历山大罗维奇(Бакунин, Михаил Александрович
1814—1876)——俄国无政府主义和民粹主义创始人和理论家；1840 年起
侨居国外,曾参加德国 1848—1849 年革命；1849 年因参与领导德累斯顿起
义被判死刑,后改为终身监禁；1851 年被引渡给沙皇政府,囚禁期间向沙皇
写了《忏悔书》；1861 年从西伯利亚流放地逃往伦敦；1868 年参加第一国际
活动后,在国际内部组织秘密团体——社会主义民主同盟,妄图夺取总委
员会的领导权；由于进行分裂国际的阴谋活动,1872 年在海牙代表大会上
被开除出第一国际。——14、37。

拜特洛,皮埃尔·欧仁·马塞兰(Berthelot, Pierre-Eugène-Marcelin 1827—
1907)——法国化学家和政治活动家；从事有机化学、热化学和农业化学的
研究,写有中古化学史方面的著作。——29。

鲍威尔,布鲁诺(Bauer, Bruno 1809—1882)——德国唯心主义哲学家、宗教和
历史研究者,资产阶级激进主义者；早期为黑格尔正统派的拥护者,1839 年
后成为青年黑格尔派的重要理论家,自我意识哲学的代表；1834 年起在柏

林大学、1839 年起在波恩大学任非公聘神学讲师,1842 年春因尖锐批判圣经而被剥夺教职;1842 年为《莱茵报》撰稿人;1837—1842 年初为马克思的朋友;1842 年夏天起为"自由人"小组成员;1848—1849 年革命后为《新普鲁士报》(《十字报》)的撰稿人;1866 年后成为民族自由党人;写有一些基督教史方面的著作。——14、15、37。

比希曼,格奥尔格(Büchmann, Georg 1822—1884)——德国语文学家和高级中学教师。——27。

毕希纳,路德维希(Büchner, Ludwig 1824—1899)——德国医生和哲学家,庸俗唯物主义和无神论的代表人物;德国 1848—1849 年革命的参加者;60 年代中属于小资产阶级民主派的极左翼;国际洛桑代表大会(1867)代表。——22。

波旁王朝——法国王朝(1589—1792、1814—1815 和 1815—1830)。——46。

勃朗,路易(Blanc, Louis 1811—1882)——法国小资产阶级社会主义者,新闻工作者和历史学家;1848 年临时政府成员和卢森堡宫委员会主席;采取同资产阶级妥协的立场;1848 年 8 月流亡英国,后为伦敦的法国布朗基派流亡者协会的领导人;1871 年国民议会议员,反对巴黎公社。——29。

D

达尔文,查理·罗伯特(Darwin, Charles Robert 1809—1882)——英国自然科学家,科学的生物进化论的奠基人。——24、41。

狄慈根,约瑟夫(Dietzgen, Joseph 1828—1888)——德国社会民主党人,自学成功的哲学家,独立地得出了辩证唯物主义若干原理;职业是制革工人,1848—1849 年革命的参加者,1852 年成为共产主义者同盟盟员;国际会员,国际海牙代表大会(1872)代表。——39。

狄德罗,德尼(Diderot, Denis 1713—1784)——法国哲学家,机械唯物主义的代表人物,无神论者,法国革命资产阶级的代表,启蒙思想家,百科全书派领袖;1749 年因自己的著作遭要塞监禁。——26。

笛卡儿,勒奈(Descartes, René 1596—1650)——法国二元论哲学家、数学家和自然科学家。——20、22。

E

恩克,斐迪南(Encke,Ferdinand)——德国斯图加特市的一家出版社的所有者。——6。

F

费尔巴哈,路德维希(Feuerbach,Ludwig 1804—1872)——德国唯物主义哲学家,德国古典哲学的代表人物。——3、4、6、14—16、19—21、24—36、37、59—61、63—65。

弗里德里希-威廉三世(Friedrich-Wilhelm III 1770—1840)——普鲁士国王(1797—1840)。——7、11。

弗里德里希-威廉四世(Friedrich-Wilhelm IV 1795—1861)——普鲁士国王(1840—1861)。——13。

伏尔泰(Voltaire 原名弗朗索瓦·玛丽·阿鲁埃 François-Marie Arouet 1694—1778)——法国自然神论哲学家、历史学家和作家,18 世纪资产阶级启蒙运动的主要代表人物,反对专制制度和天主教。——26、53。

福格特,卡尔(Vogt,Karl 1817—1895)——德国自然科学家,庸俗唯物主义者,小资产阶级民主主义者;1848—1849 年是法兰克福国民议会议员,属于左派;1849 年 6 月为帝国五摄政之一;1849 年逃往瑞士,50—60 年代是路易·波拿巴雇用的密探;马克思在抨击性著作《福格特先生》中对他进行了揭露。——22。

浮士德(Faust)——歌德同名悲剧中的主要人物。——8。

G

哥白尼,尼古拉(Kopernicus[Copernicus,Copernikus],Nikolaus 1473—1543)——波兰天文学家,太阳中心说的创立者。——20。

歌德,约翰·沃尔弗冈·冯(Goethe,Johann Wolfgang von 1749—1832)——德

国诗人、作家、思想家和博物学家。——8、11、23。

格律恩,卡尔(Grün,Karl 笔名恩斯特·冯·德尔·海德 Ernst von der Haide 1817—1887)——德国小资产阶级政论家,接近青年德意志和青年黑格尔派,40 年代中是"真正的社会主义"的主要代表人物;普鲁士制宪议会议员(1848),属于左翼,普鲁士第二议院议员(1849);1851 年起流亡比利时,1861 年回到德国,曾在美因河畔法兰克福高等商业工艺学校任艺术史、文学史和哲学史教授(1862—1865);1870 年到维也纳;1874 年出版路·费尔巴哈的书信集和遗著。——15。

H

海涅,亨利希(Heine,Heinrich 1797—1856)——德国诗人,革命民主主义运动的先驱,马克思一家的亲密朋友。——7。

黑格尔,乔治·威廉·弗里德里希(Hegel,Georg Wilhelm Friedrich 1770—1831)——德国古典哲学的主要代表。——3、4、7—16、18—21、23、26、31、32、37—40、43、45、47、50。

霍布斯,托马斯(Hobbes,Thomas 1588—1679)——英国哲学家,机械唯物主义的代表人物,早期资产阶级天赋人权理论的代表。——20。

霍尔巴赫男爵,保尔·昂利·迪特里希(Holbach,Paul-Henri Dietrich,baron d' 1723—1789)——法国哲学家,唯物主义者,无神论者,启蒙思想家,革命资产阶级的代表人物。——42。

J

基佐,弗朗索瓦·皮埃尔·吉约姆(Guizot,François-Pierre-Guillaume 1787—1874)——法国政治活动家和历史学家,奥尔良党人;1812 年起任巴黎大学历史系教授,七月王朝时期是立宪君主派领袖,历任内务大臣(1832—1836)、教育大臣(1836—1837)、外交大臣(1840—1848)和首相(1847—1848);代表大金融资产阶级的利益。——46。

加尔文,让(Calvin,Jean 1509—1564)——法国神学家和宗教改革运动的活动家,新教宗派之一加尔文宗的创始人。——52、53。

加勒,约翰·哥特弗里德(Galle,Johann Gottfried 1812—1910)——德国天文学家,1846年根据乌·让·勒维烈的计算发现了海王星。——20。

K

康德,伊曼努尔(Kant,Immanuel 1724—1804)——德国古典哲学的创始人,唯心主义者;也以自然科学方面的著作闻名。——9、19、20、22、25、26、35。

柯普,海尔曼·弗兰茨·莫里茨(Kopp,Hermann Franz Moritz 1817—1892)——德国化学家和化学史学家;曾把新的物理测量方法运用于化学;李比希的学生,肖莱马的老师。——29。

L

拉达曼(Rhadamanthus)——古希腊神话中贤明公正的法官。——35。

拉马克,让·巴蒂斯特·皮埃尔·安东(Lamarck,Jean-Baptiste-Pierre-Antoine 1744—1829)——法国自然科学家,从事植物区系学和动物区系学方面的研究,生物学上第一个完整的进化论的创立者,达尔文的先驱。——23。

勒南,约瑟夫·厄内斯特(Renan,Joseph-Ernest 1823—1892)——法国宗教史学家、哲学家和东方学家,写有基督教史方面的著作。——37。

勒维烈,乌尔班·让·约瑟夫(Le Verrier,Urbain-Jean-Joseph 1811—1877)——法国天文学家和数学家,1846年不依靠亚当斯而独立地计算出当时还不为人知的海王星的轨道,并确定这个行星在宇宙中的位置。——20。

卢梭,让·雅克(Rousseau,Jean-Jacques 1712—1778)——法国启蒙运动的主要代表人物,民主主义者,小资产阶级思想家,自然神论哲学家。——26。

路德,马丁(Luther,Martin 1483—1546)——德国神学家,宗教改革运动的活动家,德国新教路德宗的创始人,德国市民等级的思想家,温和派的主要代表;在1525年农民战争时期,站在诸侯方面反对起义农民和城市平民。——52、53。

路易十四(Louis XIV 1638—1715)——法国国王(1643—1715)。——53。

罗伯斯比尔,马克西米利安·弗朗索瓦·玛丽·伊西多尔·德(Robespierre, Maximilien-François-Marie-Isidore de 1758—1794)——法国资产阶级革命的活动家,雅各宾派的领袖,革命政府的首脑(1793—1794)。——30。

M

迈斯纳,奥托·卡尔(Meißner, Otto Karl 1819—1902)——德国出版商,曾出版《资本论》及马克思和恩格斯的其他著作。——39。

靡菲斯特斐勒司(Mephistopheles)——歌德《浮士德》和卡·谷兹科的剧作《维滕贝格的哈姆雷特》中的主要人物。——8。

米拉博——见霍尔巴赫男爵,保尔·昂利·迪特里希。

米涅,弗朗索瓦·奥古斯特·玛丽(Mignet, François-Auguste-Marie 1796—1884)——法国历史学家,早年研究法律,并获得律师资格(1818),后进入巴黎新闻界,为《法兰西信使报》撰稿人,《国民报》创办人之一(1830);写有《法国革命史》等历史著作。——46。

摩莱肖特,雅科布(Moleschott, Jakob 1822—1893)——荷兰生理学家和哲学家,庸俗唯物主义的代表人物;曾在德国、瑞士和意大利的学校中任教。——21、22。

N

拿破仑第一(拿破仑·波拿巴)(Napoléon I[Napoléon Bonaparte]1769—1821)——法国皇帝(1804—1814和1815)。——29。

O

欧文,罗伯特(Owen, Robert 1771—1858)——英国空想社会主义者。——64。

P

培尔,皮埃尔(Bayle, Pierre 1647—1706)——法国政论家和怀疑派哲学家,神学和思辨哲学的反对者,法国启蒙运动和唯物主义思想的先驱。——53。

蒲鲁东,皮埃尔·约瑟夫(Proudhon,Pierre-Joseph 1809—1865)——法国政论家、经济学家和社会学家,小资产阶级思想家,无政府主义理论的创始人,第二共和国时期是制宪议会议员(1848)。——37。

S

施达克,卡尔·尼古拉(Starcke,Carl Nikolai 1858—1926)——丹麦资产阶级哲学家和社会学家。——4、6、20、25—27、28、32、33。

施蒂纳,麦克斯(Stirner,Max 原名约翰·卡斯帕尔·施米特 Johann Caspar Schmidt 1806—1856)——德国哲学家和著作家,青年黑格尔派,资产阶级个人主义和无政府主义的思想家。——14、37。

施特劳斯,大卫·弗里德里希(Strauß,David Friedrich 1808—1874)——德国哲学家和政论家,黑格尔的学生;《耶稣传》(1835)和《基督教教义》(1840)的作者;他对圣经的历史性批判奠定了青年黑格尔派的理论基础;1866年后成为民族自由党人。——14、15、37。

T

梯也尔,阿道夫(Thiers,Adolphe 1797—1877)——法国国务活动家和历史学家,奥尔良党人,曾先后任内务大臣、贸易和公共事务大臣(1832—1836)、首相(1836和1840);第二共和国时期是制宪议会和立法议会议员(1848);第三共和国政府首脑(内阁总理)(1871)、总统(1871—1873);镇压巴黎公社的刽子手。——46。

梯叶里,雅克·尼古拉·奥古斯坦(Thierry,Jacques-Nicolas-Augustin 1795—1856)——法国历史学家,早年热衷于圣西门的社会主义;写有诺曼人征服英格兰的历史和中世纪公社方面的著作。——46。

X

席勒,弗里德里希·冯(Schiller,Friedrich von 1759—1805)——德国诗人、作家、美学家和历史学家。——25—26。

休谟,大卫(Hume,David 1711—1776)——英国哲学家、历史学家和经济学家,主观唯心主义者,近代不可知论的创始人;重商主义的反对者,货币数量论的早期代表人物。——19—20。

Y

伊姆·特恩,埃弗拉德·斐迪南(Im Thurn, Everard Ferdinand 1852—1932)——英国殖民官员、旅行家和人类学家。——17。

Z

宙斯(Zeus)——古希腊神话中最高的神,克伦纳士神的儿子。——11。

纪念马克思诞辰 200 周年

《马克思恩格斯著作特辑》
编审委员会

责任编辑：孔　欢

编辑助理：余　雪　高华梓

装帧设计：肖　辉　周方亚

责任校对：马　婕

图书在版编目（CIP）数据

路德维希·费尔巴哈和德国古典哲学的终结/恩格斯著;中共中央马克思恩格斯
　列宁斯大林著作编译局编译. —北京:人民出版社,2018.3
（马克思诞辰200周年纪念特辑）
ISBN 978－7－01－018998－7

Ⅰ.①路…　Ⅱ.①恩…　②中…　Ⅲ.①马列著作-马克思主义　Ⅳ.①A124

中国版本图书馆 CIP 数据核字（2018）第 036636 号

书　　名　**路德维希·费尔巴哈和德国古典哲学的终结**
　　　　　LUDEWEIXI FEIERBAHA HE DEGUO GUDIAN
　　　　　ZHEXUE DE ZHONGJIE

编 译 者　中共中央马克思恩格斯列宁斯大林著作编译局
出版发行　人民出版社
　　　　　（北京市东城区隆福寺街 99 号　邮编　100706）
邮购电话　（010）65250042　65289539
经　　销　新华书店
印　　刷　北京中科印刷有限公司
版　　次　2018 年 3 月第 1 版　2018 年 3 月北京第 1 次印刷
开　　本　787 毫米×1092 毫米 1/16
印　　张　6.25
插　　页　2
字　　数　73 千字
印　　数　00,001－20,000 册
书　　号　ISBN 978－7－01－018998－7
定　　价　20.00 元